LA DIGNIDAD DEL FIEL LAICO

JORNADA INTERFACULTATIVA

Esta publicación académica ha pasado por el doble peritaje ciego.
This academic publication has undergone double blind peer review.

© Ediciones Universidad San Dámaso
  Jerte, 10
  E - 28005 Madrid, 2025
  Teléf.: 91 364 40 18
  publicaciones.ad@sandamaso.es

ISBN: 978-84-10270-11-4
D L : M-11943-2025

Impreso en papel 100% procedente de bosques gestionados de acuerdo con criterios de sostenibilidad.

LA DIGNIDAD DEL FIEL LAICO

JORNADA INTERFACULTATIVA

Gabriel Richi Alberti (ed.)

Madrid 2025

EDICIONES
UNIVERSIDAD SAN DÁMASO

ÍNDICE

En la inauguración de curso del presente año académico, el Gran Canciller nos recordó expresamente que «la Universidad tiene la vocación de abrir puertas a la reflexión sobre las cambiantes necesidades de la vida de la Iglesia». Entre las prioridades que nos señalaba a la hora de afrontar dicha tarea señaló la oportunidad de reflexionar sobre «la condición bautismal de un laicado corresponsable».

Nuestra Universidad ha querido secundar dicha indicación con una iniciativa específica que requiriese la colaboración de todos los centros académicos. Esta es la razón por la que se propuso la Jornada Interfacultativa cuyas ponencias ahora se publican. Quisimos aquel día realizar un trabajo universitario que afrontase este tema crucial desde un horizonte inter y transdisciplinar tal y como la constitución *Veritatis Gaudium* propone.

Los títulos de las cinco ponencias nos permiten reconocer el itinerario de reflexión y diálogo que quisimos proponer.

El punto de partida, a cargo de la Prof. Rosario Neuman, fue la consideración de la dignidad infinita de la persona humana y su relación con la nueva criatura que es el cristiano. Esta novedad de vida, antes que ser objeto de elaboración teológica, ha sido un hecho que se ha introducido en la historia, tal y como se puede constatar en los orígenes del cristianismo, tema que desarrolló la Prof. Clara Sanvito. Entrando, en tercer lugar, en la reflexión teológico-canónica, el Prof. Gabriel Richi Alberti presentó la igualdad fundamental de todo fiel cristiano, igualdad que hace del fiel sujeto de derechos y obligaciones, tema confiado al Prof. Antonio Ciudad. Concluimos nuestro itinerario en horizonte misionero, subrayando la corresponsabilidad del laico en la misión de la Iglesia, con la ponencia del Prof. Michele Taba.

No podemos olvidar que la insistencia en «la condición bautismal de un laicado corresponsable» se hace en el contexto del año jubilar que nos ve a todos los cristianos como peregrinos de esperanza. Concluyo citando unas palabras del Gran Canciller, en la carta pastoral *Bautizados para ser peregrinos de esperanza*, que abren ante nosotros el horizonte teologal del trabajo que nos espera: «Solo desde la experiencia de un Dios capaz de resucitar muertos y perdonar lo imperdonable se comprende la invitación a contemplar nuestro mundo con esperanza. Es preciso partir de que la esperanza cristiana es un regalo que hay que pedir y, en tanto en cuanto procede de Dios, es absolutamente gratuita e inverificable y siempre más grande que nosotros y que nuestras expectativas. Por eso provoca en nosotros asombro y admiración más allá de los negros nubarrones que a veces la pueden ensombrecer por doquier».

Espero que esta publicación prolongue el diálogo que se tuvo en la Universidad en muchos otros ámbitos pastorales, convirtiéndose así en una ayuda para la reflexión sobre la identidad y la misión del fiel laico en la Iglesia y en el mundo.

Nicolás Álvarez de las Asturias
Rector de la UESD

LA DIGNIDAD DEL CRISTIANO Y LA DIGNIDAD INFINITA DEL HOMBRE

Rosario Neuman Lorenzini

FACULTAD DE FILOSOFÍA

Una de las insistencias del papa Francisco, en su encíclica *Fratelli Tutti* y en diversas intervenciones, es afirmar el carácter universal de la dignidad humana. La dignidad es indisoluble de la persona, anterior a cualquier otra valoración y fundamento de todo derecho. La llamada del Papa es apremiante, se ha de poner a la persona, a cada persona, en el centro de la vida social. Ahora bien, poner a la persona en el centro, nos recuerda en *Laudato si'*, supone también repensar nuestra relación con la creación toda. El hombre no fue creado como una mónada aislada, desvinculado del resto de la creación. Para nuestro tiempo, según juzga el Papa, se presenta como igualmente urgente la tarea de reafirmar el valor irreductible de cada persona humana, y la de repensar nuestra relación con toda la creación

En la presente intervención intentaré ilustrar, a la luz de la filosofía de santo Tomás de Aquino, la relación filosófica que existe entre estas dos cuestiones, entre la dignidad infinita del hombre y su relación con el resto de la creación, para desde ahí poder dar razón del papel del laico en la vida social.

Me parece que para plantear esta cuestión es un punto de partida apropiado la comprensión de la creación como difusividad del bien divino. Como es sabido, santo Tomás toma este principio de la filosofía neoplatónica y lo utiliza, como ya lo había hecho el pseudo Dionisio, para salvar la absoluta liberalidad del acto creador, y para dar cuenta de la bondad de toda la creación. Todo bien por su propia dinámica es comunicativo de sí. Dios, que es el sumo Bien, es máximamente comunicativo. Sabemos por revelación que esta comunicatividad constituye la misma Trinidad de personas. Todo el Padre se comunica al Hijo, y del amor de ambos procede el Espíritu Santo. Ahora bien, es también la comunicación del bien divino lo que da razón de la creación. Dios, a quien nada le falta, se determina a crear para comunicar su bondad[1]. Esto es, para hacer participe a "otro" de su perfección. «El amor de Dios es el móvil fundamental de todo lo creado»[2], nos dice el papa Francisco. Santo Tomás recoge la imagen presente en la obra de Dionisio, *Los nombres divinos*, de Dios como un sol que quiere comunicar su luz: «Dios no puede sino querer comunicar su bondad que es su mismo ser. Mas el principio común de todas estas procesiones es el bien –(…)– porque cualquier cosa que procede de Dios hacia las criaturas, [Este] lo comunica a su criatura por su bondad»[3]. La criatura, por su parte, es lo comunicado por Dios, y, por tanto, es intrínsecamente buena. No nos referimos, obviamente, a una bondad moral, sino a una bondad ontológica, esto es, a la bondad que posee por proceder de Dios, por participar de su acto de ser. Esta verdad, como veremos más adelante, es fundamental a la hora de pensar el papel del laico en la creación.

Ahora bien, como es evidente, siendo infinita la distancia entre la criatura y Dios, ninguna criatura es capaz de representar por sí misma toda la bondad del Creador. De aquí que santo Tomás argumentara

---

1   Cf. Tomás de Aquino, *De potentia* q. 3, 15-16; Id., *Summa contra Gentiles* II, 26-27; 39-46.

2   Francisco, *Laudato si'* 77.

3   Tomás de Aquino, *Super De divinis nominibus* IV, 1.

la conveniencia de que Dios creara una multitud de seres diversos en perfección, para que lo que no pudiera ser representado por uno lo representase más perfectamente la complementariedad de todos[4]. Cada criatura manifiesta a su manera la ternura de Dios. Son elocuentes a este respecto las palabras de Santo Tomás: «el mundo fue hecho por Él, a saber, de modo que en él se manifiesta la misma luz. Como en lo obrado se manifiesta el arte del artífice, así todo el mundo no es otra cosa que cierta representación de la sabiduría divina concebida en la mente del Padre»[5].

Siendo la creación comunicación de la bondad divina, debe existir un ser que no sólo proceda de esa comunicación, sino que pueda reconocer en la creación esa comunicación. Es necesaria la existencia de un ser personal cognoscitivamente abierto a la realidad toda. Aquí radica la centralidad del papel del hombre en la creación. Sólo él, entre los seres corpóreos, es capaz aprehender la realidad como manifestación de la bondad divina, lo que le constituye en el destinatario último de la creación como don. Como se indica en el libro de Job: «Nos enseñas por encima de los jumentos de la tierra, y por encima de las aves del cielo nos instruyes». En relación a estas palabras comenta santo Tomás que «aunque otros animales conozcan algunas cosas que son verdaderas, sin embargo, sólo el hombre conoce la misma razón de verdad»[6]. Teniendo cada criatura un valor intrínseco, estando todas ordenadas a Dios según su propia medida, el hombre es la única, dentro del orden corpóreo, que puede maravillarse en la contemplación del orden de la creación y descubrir en ella la ternura de Dios.

Por medio de la creación, Dios ha querido que el hombre descubra que es objeto de un amor personal. En este sentido, se puede entender que el amor de Dios nos "primerea", no sólo en el orden de la gracia, sino también del ser. Cada persona ha venido a la existencia por una

---

4   Cf. ID., *Summa Theologiae* I q. 47, a. 1.
5   ID., *Super Evangelium S. Ioannis lectura* cap. 1, l. 5.
6   Ibid., cap. 1, l. 3.

determinación amorosa de la voluntad divina. Aquí radica la verdad más profunda de todo ser humano, y que los cristianos tenemos la obligación de custodiar: cada persona tiene un valor absoluto, pues en el origen de su existencia se encuentra el amor de Dios. Como lo sintetiza el Papa: «¡Qué maravillosa certeza es que la vida de cada persona no se pierde en un desesperante caos, en un mundo regido por la pura casualidad o por ciclos que se repiten sin sentido! El Creador puede decir a cada uno de nosotros: "Antes que te formaras en el seno de tu madre, yo te conocía" (*Jr* 1,5)»[7].

San Agustín, profundizando en la bondad intrínseca de toda criatura, distingue tres aspectos de bondad: de especie, de modo y de orden. La bondad de especie se refiere a su verdad esencial, la de modo a su carácter existencial, y la de orden a su inclinación natural. Toda criatura, por su bondad, tiende a Dios según sea su naturaleza. La bondad divina «atrae todas las cosas hacia sí misma, pues el hecho mismo de que las cosas sean ordenadas a Dios, lo reciben de él»[8]. Santo Tomás sistematizará esta cuestión afirmando que Dios no sólo da el ser, sino que hace a cada criatura capaz de obrar para que obrando se asemeje más perfectamente a Él. Si una criatura obra en cuanto que está en acto, podemos afirmar que Dios obra en todo el que obra. Santo Tomás afirma comentando el prólogo de san Juan que, «como el ser es íntimo a cualquier realidad, Dios, que da el ser obrando, obra en las cosas como agente íntimo, por tanto, ésta en el mundo como dando el ser al mundo»[9]. Esa presencia divina, nos dice el Papa, «que asegura la permanencia y el desarrollo de cada ser, "es la continuación de la acción creadora"»[10]. Se presenta así ante el hombre el espectáculo de un cosmos operativo y ordenado en que unos entes actúan sobre

---

7   Francisco, *Laudato si'* 65.

8   Tomás de Aquino, *Super De divinis nominibus* IV, lect III, 316.

9   Id., *Super Evangelium S. Ioannis lectura* cap. 1, l. 5.

10   Francisco, *Laudato si'* 80. «Cuando reflexionamos en el orden que rige en el cosmos y admiramos la sabiduría con la que el Padre lo ha creado, dotándolo de leyes que gobiernan su existencia, nos resulta espontáneo remontarnos al Hijo eterno, que

otros, cada uno procurando su propia perfección y contribuyendo a la perfección del todo. El hombre sin duda forma parte de este orden, sin embargo, de algún modo podemos decir que lo trasciende, no sólo porque es capaz de conocerlo como don, sino también porque con su obrar puede introducir en él una perfección que por sí mismo éste no podría alcanzar. Un cosmos en el que no existiera el hombre sería de alguna manera un cosmos cerrado. Está singular relación del hombre con la creación, como genialmente vieron los antiguos, se manifiesta en su corporeidad. El hombre, a diferencia del resto de los animales, tiene un cuerpo que no se encuentra naturalmente referido a medio alguno, por esto se afirma que el hombre es un ser desespecializado: no tiene garras, ni pelaje, ni colmillos que le permitan sobrevivir en un medio especifico, a cambio, tiene logos y manos que le permiten introducir en él una novedad ilimitada. El poder intervenir en la realidad es una exigencia de la misma naturaleza humana. Esta desespecialización manifiesta otro aspecto de la vida del hombre que no podemos pasar por alto y que tendremos que comentar más adelante: el hombre no puede vivir en soledad.

Esta desespecilización manifiesta también la relación que guarda cada persona humana con su especie. A diferencia de los demás seres, el obrar del hombre no viene del todo prescrito por su naturaleza. A la vez que apertura cognoscitiva, y posibilitado por ella, el hombre es capaz de actos libres, esto es, actos realmente originales que desbordan la inclinación común de la especie. Es por medio de las inclinaciones que siguen a cada naturaleza como Dios conduce a los individuos a su perfección. El hombre no queda al margen de este gobierno, pero es conducido de un modo perfectísimo, personal: no es gobernado en orden a la especie, sino para la consecución de su propia felicidad. El modo en que Dios conduce al hombre es haciéndolo providente para sí, capaz de actos libres gracias a la participación que le da de su propia

---

la Escritura nos presenta como Palabra (cf. Jn 1, 1-3) y Sabiduría divina (cf. 1 Co 1, 24. 30)», Juan Pablo II, *Audiencia General* (2 de agosto de 2000) 3.

luz. El hombre debe ir perfeccionándose por medio de actos en los que discierna qué debe hacer en cada ocasión en orden a la consecución de unos bienes que el mismo no se determina. Ahora bien, cabe preguntarnos con el salmista, «¿quién nos mostrará los bienes?», a lo que responde santo Tomás, «sellada está sobre nosotros la luz de Tu rostro, Señor». Es la luz de su conciencia, participación de la luz divina, la que nos permite discernir el bien del mal, bien y mal que se constituyen en relación a una verdad que nos precede y que nos ordena en nuestra relación con Dios, el prójimo y la creación. Gracias a la luz de la razón, y supuesta su inclinación al bien, el hombre puede ser providente para sí, conducirse en orden a alcanzar su perfección y con ella la de toda la creación. Gracias a esta luz puede el hombre leer el lenguaje de la creación y descubrir su infinito valor.

Podemos sintetizar lo hasta ahora sugerido afirmando que, por su dignidad, el hombre es destinatario de una palabra. Todo el universo material es un lenguaje del amor de Dios, de su desmesurado cariño hacia nosotros[11]; el hombre, leyendo en la realidad ha de descubrir su propia dignidad, el papel que está llamado a cumplir en la creación y su destinación al encuentro definitivo con Dios. En el relato del Génesis se nos manifiesta esta profunda verdad:

> Dios dijo: «hagamos al ser humano a nuestra imagen, como semejanza nuestra: que manden en los preces del mar y en las aves del cielo, en las bestias y en todas las alimañas terrestres según su especie». Y así fue (...). Creó, pues, Dios al ser humano a imagen suya, a imagen de Dios lo creó, macho y hembra los creó. Después los bendijo Dios con estas palabras:

---

11 Francisco, *Laudato si'* 84. «Con la mirada interior del alma, con la intuición religiosa que no se pierde en la superficialidad, el hombre y la mujer pueden descubrir que el mundo no es mudo, sino que habla del Creador», Juan Pablo II, *Audiencia General* (30 de enero de 2002) 3. En la Sagrada Escritura la creación a menudo está vinculada también a la Palabra divina que irrumpe y actúa: cf. Id., *Audiencia General* (26 de enero de 2000) 5.

«Sed fecundos y multiplicaos y henchid la tierra y sometedla; mandad en los peces del mar y en las aves de los cielos y en todo animal que serpea sobre la tierra». Dios dijo: «Ved que os he dado toda hierba de semilla que existe sobre la haz de toda la tierra, así como todo árbol que lleva fruto de semilla; para vosotros será de alimento» (Gén 1, 26-30).

Estas palabras nos revelan, por una parte, de qué manera la distinción varón y mujer está en relación con ser imagen de la Trinidad; y, por otra, cómo el plan originario de Dios para el hombre está íntimamente relacionado con el dominio y desarrollo de la creación. Ahora bien, como señala el Papa,

es importante leer los textos bíblicos en su contexto, con una hermenéutica adecuada, y recordar que nos invitan a «labrar y cuidar» el jardín del mundo (cf. *Gn* 2,15). Mientras «labrar» significa cultivar, arar o trabajar, «cuidar» significa proteger, custodiar, preservar, guardar, vigilar. Esto implica una relación de reciprocidad responsable entre el ser humano y la naturaleza[12].

El hombre, a la vez que descubre en el lenguaje de la creación su propia dignidad, descubre también la verdad sobre el encargo recibido. Me parece sugerente que se nos narre que, una vez recibido el mandado de Dios, lo primero que hace Adan sea dar nombre a todas las especies. El nombrar supone conocimiento, es un modo de referir la realidad a sí mismo, pero salvando su verdad; de aquí que, una vez nombradas las especies, objetive la distancia que existe entre ellas y él: no encuentra en la creación una ayuda proporcional. Como afirma el Papa, prestando atención a la creación, «el ser humano aprende a reconocerse a sí mismo en la relación con las demás criaturas: "Yo me autoexpreso al expresar el mundo; yo exploro mi propia sacralidad al

---

12 Francisco, *Laudato si'* 67.

intentar descifrar la del mundo"»[13]. El hombre tiene que ser capaz de leer la verdad de su cuerpo, del rostro del otro y de la creación toda, para ir conduciéndose y realizando el plan que Dios ha trazado para él y por medio de él, para la creación toda. Tiene que ir discerniendo desde la luz de la que Dios le hace participe la verdad de toda criatura. Se afirma en *Laudato si'* que «precisamente por su dignidad única y por estar dotado de inteligencia, el ser humano está llamado a respetar lo creado con sus leyes internas, ya que "por la sabiduría el Señor fundó la tierra" (*Pr* 3,19)»[14].

En el mandato de ser fecundos está contenida la verdad del hombre como ser llamado al don de sí. La distinción entre varón y mujer se ordena a la complementariedad. El mandato sobre el dominio de la creación revela al hombre su ser como *homo faber*. Según el plan original de Dios, la perfección del hombre queda íntimamente vinculada a un cuidado y trabajo sobre la tierra. El mejoramiento de la humanidad exige por parte del hombre el desafío de desplegar las posibilidades que la naturaleza contiene, despliegue que se ordena a que la naturaleza puede expresar con más fuerza su verdad, no a acallarla. El actuar sobre la creación debe ser siempre un actuar según un logos, pues el hombre debe custodiar que la creación siga siendo significativa para él. Debe desplegar las posibilidades de la naturaleza según la verdad que ésta entraña. Señala a este respecto el Papa que

> la intervención humana que procura el prudente desarrollo de lo creado es la forma más adecuada de cuidarlo, porque implica situarse como instrumento de Dios para ayudar a brotar las potencialidades que él mismo colocó en las cosas: «Dios puso en la tierra medicinas y el hombre prudente no las desprecia» (*Si* 38,4)[15].

---

13 Ibid., 85.
14 Ibid., 69.
15 Ibid., 124.

La originalidad que el hombre está llamado a poner en el mundo debe contribuir a que éste manifieste más perfectamente la bondad divina, no a ocultarla.

Pertenece a aquella verdad que el hombre tiene que ir descubriendo en su desarrollo y en su trabajo sobre la naturaleza, que su perfeccionamiento no se puede dar al margen de los demás. El descubrimiento de su dignidad debe regir su acción para que en ella resplandezca la dignidad del "otro". Nadie se salva solo, nos recuerda el papa Francisco. Cómo genialmente había expresado Aristóteles, el hombre es un *zoon politikon*, y signo de su naturaleza social es que tiene palabra para manifestar lo justo y lo injusto, lo bueno y lo malo. En la *Ciudad de Dios*, san Agustín, por su parte, afirma que Dios quizo que toda la especie humana procediera de un solo hombre para que así se hiciera más explícito que formamos parte de una unión más amplia, no sólo con los lazos de la especie, sino con lazos de fraternidad[16].

Ahora bien, el pecado original introdujo un desorden radical en la relación del hombre con Dios, con el otro y con la creación. Todos los árboles del jardín, esto es, toda la creación, la puso a su disposición con una sola condición: no comer del árbol del bien y del mal. Éste, como ha sido interpretado por muchos Padres de la Iglesia, le recordaba al hombre su verdad de criatura. El hombre debe encontrarse con una verdad que le precede, no corresponde a su condición dictaminar, sino leer. Como consecuencia de este pecado, el lenguaje de la creación y nuestra propia luz se ha oscurecido. Por un amor desordenado a nosotros mismos podemos hacer un uso indiscriminado de la naturaleza en beneficio de unos pocos; y apoyarnos en nuestras obras para "emanciparnos" de Dios. Cuando esto sucede, nuestra dignidad y la del prójimo se oscurecen. Frente a esta situación, Dios no guardó silencio, sino que continuó comunicándose con el hombre por medio del pueblo de Israel, le mandó profetas y le preparó para la llegada de la Palabra definitiva, la Palabra encarnada. Comentando el prólogo de san Juan, santo Tomás afirma

---

16   Cf. Agustín de Hipona, *De civitate Dei* XII, 21.

«la necesidad de la venida del Verbo parece ser debida al defecto del conocimiento divino que había en el mundo»[17].

Con el cristianismo se abre para la humanidad una nueva dignidad, la dignidad de ser hijos en el Hijo. El lenguaje de la redención es aún más elocuente que el de la primera revelación: ahora, Dios nos revela su ternura de manera explícita en el Corazón traspasado de su Hijo, como se nos dice en *Dilexit nos*. La economía de la salvación no viene a cancelar el orden de la creación, sino a llevarla a su plenitud, haciendo una "nueva creación". Como afirma san Juan Pablo II: «en Cristo Jesús, muerto y resucitado, el bautizado llega a ser una "nueva creación" (Ga 6, 15; 2 Co 5, 17), una creación purificada del pecado y vivificada por la gracia»[18].

El papel de la Iglesia en medio del mundo es reconducirlo todo de vuelta al Padre. Ella, que «vive en el mundo, aunque no es del mundo (cf. *Jn* 17, 16), ha de continuar la obra redentora de Jesucristo; la cual, "al mismo tiempo que mira de suyo a la salvación de los hombres, abarca también la restauración de todo el orden temporal"»[19]. Pero, como se nos dice en *Christifideles laici*,

> los fieles laicos están llamados de modo particular para dar de nuevo a la entera creación todo su valor originario. Cuando mediante una actividad sostenida por la vida de la gracia, ordenan lo creado al verdadero bien del hombre, participan en el ejercicio de aquel poder, con el que Jesucristo Resucitado atrae a sí todas las cosas y las somete, junto consigo mismo, al Padre, de manera que Dios sea todo en todos (cf. *Jn* 12, 32; *1 Co* 15, 28)[20].

---

17 Tomás de Aquino, *Super Evangelium S. Ioannis lectura*, cap. 1, l. 5.
18 Juan Pablo II, *Christifideles laici* 9.
19 Ibid., 15.
20 Ibid., 14.

El mundo «está destinado a dar gloria a Dios Padre en Cristo»[21].
Los laicos tienen la finalidad de «buscar el Reino de Dios tratando las
realidades temporales y ordenándolas según Dios» (*Lumen gentium* 31).
Es la Iglesia la que tiene que reconducir todo a las manos del Padre,
pero esta tarea es realizada específicamente, dentro de la Iglesia, por
el laico. El cristiano, que está inserto en este mundo, tiene la misión
específica de realizar en las realidades mundanas el plan original de
Dios. Esto es, trabajar para que este mundo se parezca cada vez más
a la Jerusalén celestial. No saliendo del mundo, sino reconociendo la
dignidad que todo quehacer humano tiene, por la legítima autonomía
del orden secular, y contribuyendo con su trabajo a que la dignidad de
cada persona y el valor de la creación toda quede resguardado. Es por
su intrínseca bondad por lo que las realidades de este mundo tienen y
deben ocupar el lugar que les corresponde en el plan salvífico.

> Todo lo que constituye el orden temporal, (…), no solamente
> son subsidios para el último fin del hombre, sino que tienen
> un valor propio, que Dios les ha dado, considerados en sí mis-
> mos, o como partes del orden temporal: «Y vio Dios todo lo
> que había hecho y era muy bueno» (*Gén.*, 1,31). Esta bondad
> natural de las cosas recibe una cierta dignidad especial de su
> relación con la persona humana, para cuyo servicio fueron
> creadas (*Apostolicam actuositatem* 7).

El cristiano debe procurar que Dios, creador de toda la realidad,
resplandezca en todo lo que hacemos. Para realizar esta labor, además de
tener vida de gracia, los laicos, «deben conocer la íntima naturaleza de
todas las criaturas, su valor y su ordenación a la gloria de Dios» (*Lumen
gentium* 36). Por ello, con su competencia en los asuntos profanos y
con su actividad elevada por la gracia de Cristo,

---

21 Ibid., 15.

contribuyen eficazmente a que los bienes creados, de acuerdo con el designio del Creador y la iluminación de su Verbo, sean promovidos, mediante el trabajo humano, la técnica y la cultura civil, para utilidad de todos los hombres sin excepción; sean más convenientemente distribuidos entre ellos y, a su manera, conduzcan al progreso universal en la libertad humana y cristiana. Así Cristo, a través de los miembros de la Iglesia, iluminará más y más con su luz salvadora a toda la sociedad humana (*Lumen gentium* 36).

Los actos de caridad se ordenan a manifestar más perfectamente la bondad de Dios. Tal como afirma santo Tomás comentando el prólogo de san Juan:

Cualquier criatura se hizo para testimonio de Dios, en cuanto que cualquier criatura es cierto testimonio de la bondad divina. Y la grandeza de la criatura es, sin duda, cierto testimonio de la virtud y omnipotencia divina. Pero la belleza lo es de la sabiduría divina. Sin embargo, sin duda ciertos hombres se ordenan a Dios de un modo especial; y no sólo de modo natural en cuanto que son, sino que también dan testimonio de Dios de modo espiritual por sus buenas obras[22].

Esto es a lo que están llamados los laicos, a hacer relucir con sus obras la bondad divina.

Desde la perspectiva presentada, se puede entender también por qué los laicos no se pueden replegar, esto es, buscar ámbitos de confort en los que estar seguros. La llamada a salir es apremiante, pues la realidad toda, en cuanto salida de las manos de Dios, nos interpela. El arte, la filosofía, la medicina, la inteligencia artificial, todo tiene sus leyes, y, por tanto, su intrínseca bondad. Los católicos debemos procurar, ahí donde

---

22 Tomás de Aquino, *Super Evangelium S. Ioannis lectura*, cap. 1, l.4.

estemos, dar testimonio de la Verdad, no con elocuentes discursos, sino por nuestra pasión por la realidad. Especialmente por aquello que santo Tomás consideraba lo más digno de ser contemplado, y a lo cual todo arte, ciencia y técnica se ha de ordenar: la persona humana.

DIGNIDAD Y VIDA NUEVA DEL BAUTIZADO EN LOS ORÍGENES DEL CRISTIANISMO

Clara Sanvito

FACULTAD DE LITERATURA CRISTIANA Y CLÁSICA

Siendo cónsules Presente, por segunda vez, y Claudiano, dieciséis días antes de las calendas de agosto, en Cartago, habiendo sido llevados a su despacho Esperato, Nartzalo y Citino, Donata, Segunda y Vestia, el procónsul Saturnino les dijo:

- Podéis merecer la indulgencia de nuestro señor [el emperador], si tan sólo volvierais a entrar en razón. [...]

Citino dijo:

- No hay nadie a quien temamos, sino a nuestro Señor, que está en los cielos.

Donata dijo:

- Sea honor al césar como césar; pero temor, sólo frente a Dios.

Vestia dijo:

- Soy cristiana.

Segunda dijo:

- Lo que soy, eso quiero ser.

El procónsul Saturnino dijo a Esperato:

- ¿Perseveras en ser cristiano?

Esperato dijo:

- Soy cristiano – y todos afirmaron lo mismo[1].

Así, el 17 de julio de 180, bajo el reinado de Cómodo, en la capital de la provincia romana del *Africa proconsularis* –Cartago–, seis hombres y mujeres imputados en un proceso oficial[2] profesaban la identidad más real de su vida: la de ser cristianos.

Este texto, luminoso en su sencillez, nos abre de par en par una ventana a la que era la conciencia de los primeros cristianos. El texto, en efecto, considerado el primero en Occidente de la literatura de actas y pasiones[3], es con toda probabilidad la relación del verbal oficial del proceso celebrado contra los cristianos detenidos en la pequeña localidad de Escili[4], «un lugarejo de la Numidia [...] que no ha dejado rastro de sí en el mapa africano»[5].

Llama la atención la pacífica certeza con la que, frente al procónsul que les interrogaba, en un proceso que probablemente se desarrollaba a puertas cerradas, no abierto al público[6], y en el que, por tanto, no estaban sometidos a tentaciones de heroísmo o miedos a decepcionar, los seis imputados que tienen la palabra no dudan en responder. Y su respuesta no denota sólo una fe, la fe en Cristo; como muestra la respuesta de Segunda, «lo que soy, eso quiero ser», el ser cristiano define su identidad.

---

1   *Acta martyrum scilitanorum*, 1.8-10; traducción propia.

2   Sobre las posibles hipótesis con respecto a la discrepancia entre el número de los mencionados al comienzo y el de los condenados, cf. A. Bastiaensen *et alii* (eds.), *Atti e passioni dei martiri* (Fondazione Lorenzo Valla – Arnoldo Mondadori Editore, Milano 1987) 406.

3   Cf. C. Moreschini – E. Norelli, *Historia de la literatura cristiana antigua griega y latina. I. Desde Pablo hasta la edad constantiniana* (BAC, Madrid 2006) 380.

4   Cf. M. Spinelli (ed.), Minucio Felice. *Octavius. Atti e Passioni dei martiri africani* (Città Nuova, Roma 2012) 157.

5   Cf. D. Ruiz Bueno, *Actas de los mártires* (BAC, Madrid 2012) 334.

6   Cf. Bastiaensen, *Atti e passioni dei martiri*, 405.

Es en esta conciencia de identidad nueva, que los primeros cristianos afirman de distintas maneras, una y otra vez, en los textos que han llegado hasta nosotros, que quiere sumergirse esta contribución. Su deseo es ofrecer al menos la contemplación de un horizonte: la comprensión y la vivencia del don del bautismo, tal como la testimonian algunos de los textos cristianos de los orígenes.

Ahora bien, el tema de la jornada que ha hospedado esta intervención es *La dignidad del fiel laico*. ¿Quién es, pues, el laico?

Encontramos este término en boca de un cristiano por primera vez antes de finales del siglo I: ese cristiano es Clemente, obispo de Roma. Dice, en efecto, en su *Carta a los Corintios* (40,1.5):

> Por tanto, siendo notorio esto para nosotros y habiéndose inclinado a las profundidades del conocimiento de Dios, debemos hacer con orden todo lo que el Señor ordenó que realizáramos en los tiempos señalados. [...] Pues al sumo sacerdote le han sido dados sus proprios ministerios y a los sacerdotes les ha sido asignado su lugar propio, y servicios propios urgen a los levitas. El hombre laico ha sido vinculado a preceptos laicos (ὁ λαϊκὸς ἄνθρωπος τοῖς λαϊκοῖς προστάγμασιν δέδεται)[7].

El término «laico» que aquí aparece, λαϊκὸς, está vinculado al griego λαός, «pueblo», el término que la LXX escoge para traducir el hebreo עם cuando indica el pueblo que Dios se ha elegido, Israel. El λαϊκὸς ἄνθρωπος, «el hombre laico», es por tanto el hombre que pertenece al pueblo elegido y que está vinculado a los preceptos λαϊκοῖς, «propios del pueblo». El «laico», pues, no se opone de por sí al sumo sacerdote, o a los sacerdotes, o a los levitas. En efecto, la Escritura atestigua que

---

7   Texto en A. Jaubert (ed.), Clément de Rome, *Épître aux Corinthiens* (Cerf, Paris 1971) 166; traducción con modificaciones en J. J. Ayán (ed.), *Padres apostólicos* (Ciudad Nueva, Madrid 2012) 174.

ellos también pertenecían al pueblo[8]: en palabras de Clemente, no nos equivocaríamos en decir que ellos también eran «laicos», del pueblo. Sin embargo, el listado de Clemente pone de manifiesto que el hombre «laico» es aquel que pertenece al pueblo sin tener alguna distinción de otro tipo[9]. De hecho, a pesar de que el término casi no se encuentra en los autores cristianos griegos hasta los padres capadocios, el uso que un siglo después le da Tertuliano –quien, aun prefiriendo el uso de neologismos cristianos en latín, en este caso se limita a trasliterar el término griego– testimonia, además de la difusión del término, este mismo significado[10].

Así, quizás justamente en virtud del gran proceso de vuelta a las fuentes propio del Concilio Vaticano II, en la definición de «laico» que ofrece la constitución dogmática *Lumen gentium*, en el número 31, resuena el significado que le daban estos primeros autores: «por laico se entiende [...] a todos los cristianos, excepto los miembros del orden sagrado y del estado religioso reconocido en la Iglesia»[11]. No había que dar por descontado, en efecto, que la definición de «laico» fuera positiva: el entonces joven teólogo Joseph Ratzinger, perito en el Concilio Vaticano II, lamentaba que la concepción del laico que había emergido en los debates sobre el esquema *De ecclesia*, en la segunda sesión del Concilio, había sido fundamentalmente negativa, «no sacerdote, no religioso», y deseaba que surgiese el interrogante de «si junto a las realidades del sacerdote y del religioso no existan otras posibilidades

---

8   Por ejemplo cf. N. Füglister. "Estructuras de la eclesiología veterotestamentaria", en: J. Feiner – M. Löhrer (dir.), *Mysterium Salutis. Manual de teología como historia de la salvación. IV.1. La Iglesia: el acontecimiento salvífico en la comunidad cristiana* (Cristiandad, Madrid 1973) 90-93.

9   Cf. E. dal Covolo – F. Bergamelli – E. Zocca – M. G. Bianco (eds.), *Laici e laicità nei primi secoli della Chiesa* (Paoline, Milano 1995) 63-66.

10 Por ejemplo cf. Tertuliano, *De baptismo* 11.

11 Citamos la traducción de la constitución *Lumen gentium* según la siguiente edición: Conferencia Episcopal Española, *Concilio Ecuménico Vaticano II* (BAC, Madrid 2012).

eclesiales positivas»[12], tal como había sugerido en su gran discurso el cardenal Suenens[13]. Y en la línea de tal discurso, que a su vez seguía la estela de la eclesiología propia de los orígenes del cristianismo, en particular de 1 Cor 12, llegó a afirmar la constitución *Lumen gentium* que los laicos «son, pues, los cristianos que están incorporados a Cristo por el bautismo, que forman el Pueblo de Dios y que participan de las funciones de Cristo: Sacerdote, Profeta y Rey» (LG 31).

En efecto, sin menoscabo de la importancia que desde los comienzos se reconoció a aquellos que revestían un carácter de autoridad[14], desde luego la conciencia eclesiológica primera en los orígenes del cristianismo era la de una fundamental igualdad con respecto a la identidad de sus miembros: la ἐκκλησία, la Iglesia, ese término griego que en los LXX traducía la קָהָל, la asamblea de Dios, y que pasó a indicar la comunidad del pueblo cristiano, era la comunidad, el pueblo de los bautizados. Esto era, en efecto, lo que tenían en común todos los miembros del pueblo: el ser bautizados, a saber, salvados[15].

Ahora bien, esta conciencia de la fundamental igualdad de los miembros a partir del bautismo no disminuye en el tiempo. Así lo muestra una de las primeras obras cristianas, *El pastor*, de Hermas, en la que el protagonista describe una serie de visiones que recibe; una de ellas es la de una torre grande, que se va construyendo sobre las aguas con piedras cuadradas provenientes del abismo y de la tierra (*Visión* III, 2,4-5):

[La anciana] me dice: «Mira, ¿no ves delante de ti una gran torre que se construye sobre las aguas con brillantes piedras

---

12 J. RATZINGER, *Obras completas* VII/1. *Sobre la enseñanza del Concilio Vaticano II. Formulación, transmisión, interpretación* (BAC, Madrid 2013) 331-332.

13 Cf. Y. CONGAR – H. KÜNG – D. O'HANLON (eds.), *Discursos conciliares* (Cristiandad, Madrid 1964) 33-38.

14 Se vea ya el primer texto cristiano que poseemos, 1 Ts 5,12.

15 Por ejemplo cf. Rom 6,4. Sólo a modo de ejemplo, además, se puede ver, con respecto a diferentes criterios de posible desigualdad, 1 Cor 3,5-9; 1 Cor 12,4-27; Gal 3,26-28; Flm 1,15-16.

cuadradas?». En un cuadrilátero, la torre era construida por los seis jóvenes que habían venido con ella. Otras miríadas de hombres acarreaban piedras, unos del abismo, otros de la tierra; y se las entregaban a los seis jóvenes[16].

La visión es descrita en las líneas sucesivas con precisión en sus muchos elementos, de modo especial con respecto a las piedras, las que entran en la construcción y las que no. Sin detenernos aquí en todos los elementos de la visión, escogemos algunos de entre los que explica a Hermas la anciana que lo acompaña en la primera parte de la obra, imagen de la Iglesia. Dice, pues la anciana (*Visión* III,3,3.5):

> La torre que ves en construcción, soy yo, la Iglesia. [...] Escucha por qué la torre es construida sobre el agua: porque vuestra vida fue salvada y se salvará por el agua. La torre está cimentada en la palabra del Nombre todopoderoso y glorioso, y es fuerte por el poder invisible del Señor[17].

Interrogada por Hermas, la anciana revela que la torre en construcción es ella misma, a saber, la Iglesia. Lo primero que destaca, pues –que, por otra parte, es también el primer elemento de la visión que se describe–, es que la torre-Iglesia está construida sobre el agua: y el agua, explica, es la salvación –pasada y futura– de los que componen la Iglesia. Es incuestionable aquí la referencia al bautismo[18]. La torre entera, pues, tiene un único fundamento: la salvación que se da a través del bautismo, y que hace que la Iglesia se cimente en el Señor.

Ahora bien, en un pasaje anterior Hermas describía las piedras de la torre como diferentes en formas y en proveniencia[19], y la anciana

---

16 Traducción en Ayán, *Padres apostólicos*, 394-395.

17 Traducción en *ibid.*, 396.

18 Por ejemplo cf. *ibid.*, 396, n. 48; o R. Joly (ed.), Hermas, *Le pasteur* (Cerf, Paris 2011) 109, n. 3.

19 Cf. Hermas, *El pastor*, *Visión* III,3,5-9.

explica que cada tipo de piedra corresponde a un grupo en la Iglesia: apóstoles, obispos, maestros y diáconos, mártires, los que han padecido por el Nombre del Señor, jóvenes en la fe y creyentes... Las piedras, pues, no son todas iguales. Sin embargo, retomando la imagen de la torre-Iglesia, más adelante en el texto Hermas afirma (*Comparación* IX,9,7): «[La torre] estaba edificada como de una sola piedra, sin ninguna juntura. Y la piedra parecía brotar de la roca. Me parecía un monolito»[20].

Los diferentes tipos de piedra aquí ya no están mencionados; es más: se afirma que la torre estaba edificada como de una sola piedra, y formando una continuidad con la roca en la que estaba edificada, roca que, explica el texto, es el Hijo de Dios[21]. Si conjugamos esta visión con la anterior, por tanto, vemos que Hermas pone de manifiesto que los miembros de la Iglesia se fundan en el bautismo de salvación, es decir, se fundan en la roca del Hijo de Dios[22], y están por una parte unidos entre sí al punto de formar una sola cosa y por otra unidos con el Hijo de Dios al punto de no tener solución de continuidad con Él. El subrayado último de Hermas, pues, es sobre la compacta unidad que constituyen los bautizados, sin negar —es más, afirmando— la diversidad que adquiere en la vida la vivencia del bautismo.

Esta compacta unidad emerge con evidencia también en la vida cotidiana de la Iglesia. Así, en efecto, lo muestra un pasaje de la *Didaché*, una breve obra compuesta quizás en ambiente sirio y probablemente alrededor del año 70[23]. En la enseñanza inicial, el autor presenta los «dos caminos [...], el de la vida y el de la muerte»[24]; el camino de la vida está vinculado con toda probabilidad al bautismo y a la Eucaristía, cuya liturgia

---

20 Traducción en AYÁN, *Padres apostólicos*, 476.

21 Cf. HERMAS, *El pastor*, Comparación IX,12,1.

22 Cf. AYÁN, *Padres apostólicos*, 396, n. 50.

23 Sobre las hipótesis acerca del contexto de su composición se pueden ver G. VISONÀ (ed.), *Didachè Insegnamento degli apostoli*, (Paoline, Milano 2000) 36-52 y H. VAN DE SANDT – D. FLUSSER, *The Didache. Its Jewish Sources and its Place in Early Judaism and Christianity* (Royal Van Gorcum, Assen 2002) 48-52.

24 *Didaché* 1,1; traducción en AYÁN, *Padres apostólicos*, 39.

es propuesta a continuación[25]. La primera sección, pues, se presenta como una serie de enseñanzas, entre las cuales leemos (*Didaché* 4,1-2):

> Hijo mío, noche y día te acordarás del que te dice la Palabra de Dios y lo honrarás como al Señor, pues donde se proclama su soberanía, allí está el Señor. Buscarás cada día la presencia de los santos para descansar en sus palabras[26].

La *Didaché* invita en primer lugar a acordarse noche y día y a honrar como al Señor «al que te dice la Palabra de Dios»: la identidad de este cristiano no es mejor precisada. Sin embargo, aquello a lo que exhorta inmediatamente después puede ayudar a comprenderlo: exhorta a buscar cada día la presencia de los santos para descansar en sus palabras[27]. Esta afirmación, bellísima, encierra una verdad profunda acerca de la realidad de la Iglesia. En efecto, ¿quiénes son estos «santos»? En los primeros autores cristianos el término indica todos los que pertenecen a las comunidades cristianas; es decir, todos los bautizados[28]. Los bautizados, pues, son el uno para el otro descanso. La importancia de la vida comunitaria se muestra aquí luminosa[29]: aquellos que dicen la Palabra de Dios, aquellos, por tanto, que con sus palabras hacen manifiesto a Aquel que es la Palabra de Dios, son aquellos a los que cada día, día y noche –es decir, siempre– hay que buscar para descansar en sus palabras.

---

25 La liturgia del bautismo en *Didaché* 7 y la de la Eucaristía en *Didaché* 9-10.

26 Traducción, ligeramente modificada, en AYÁN, *Padres apostólicos*, 43.

27 Quizás el autor conocía la versión hebrea de Sal 16,3, «En los santos que hay en la tierra, varones insignes, pongo toda mi complacencia», y en ella se inspiró para su formulación.

28 Se vea el uso, por ejemplo, en 1 Cor 1,2, 2 Cor 1,1 o Fil 4,21-22, seguidos, entre otros, por Ef 3,8, 1 Tim 5,10… Cf. W. BAUER, *A Greek-English Lexicon of the New Testament and Other Early Christian Literature* (The University of Chicago Press, Chicago – London 1979) 9-10.

29 Cf. W. RORDORF – A. TUILIER (eds.), *La doctrine des douze apôtres (Didaché)* (Cerf, Paris 1998) 158, n. 4.

Un ejemplo vivido de la recomendación que hace la *Didaché* lo encontramos en otra acta de mártires: la de Justino y sus compañeros Caritón, Caridad, Evelpisto, Hierax, Peón y Liberiano, en el año 165 en Roma[30]. Interrogado por el prefecto de Roma Junio Rústico acerca del lugar de reunión de los cristianos, Justino responde (*Martirio de San Justino y sus compañeros*, 3):

> Yo vivo junto a cierto Martín, en el baño de Timiotino, y esa ha sido mi residencia todo el tiempo que he estado esta segunda vez en Roma. No conozco otro lugar de reuniones sino ese. Allí, si alguien quería venir a verme, yo le comunicaba las palabras de la verdad (ἐκοινώνουν αὐτῷ τῶν τῆς ἀληθείας λόγων)[31].

Justino es converso de origen pagano, que llegó a la «única filosofía, sin fallo y proficua»[32] –así llama él la fe cristiana– tras un largo periplo por las filosofías paganas. Al comienzo de una de sus obras, el *Diálogo con el judío Trifón*, relata en unas páginas preciosas ese recorrido doloroso en búsqueda de la verdad de la vida sin conseguir hallarla en ningún maestro[33], hasta, finalmente, encontrarse con la revelación cristiana, a ella adherirse[34] y por ella dar su vida. Y ese don de su vida que desembocó en el testimonio supremo –el que, con término griego, llamamos justamente «martirio»– fue realizándose paso a paso en el

---

30   Cf. Ch. Munier (ed.), Justin, *Apologie pour les chrétiens* (Cerf, Paris 2006) 15.

31   Texto en Bastiaensen, *Atti* 54. Traducción en Ruiz Bueno, *Actas*, 303.

32   Cf. Justino, *Diálogo con el judío Trifón* 8,1.

33   Cf. Justino, *Diálogo* 1-6.

34   Así Visonà, quien considera que la conversión de Justino no fue el desenlace de su itinerario filosófico, sino que supuso una fractura con ello, ya que significó dejar la búsqueda de la verdad realizada por las fuerzas del hombre para acoger la revelación de la fe donada por la gracia; cf. G. Visonà (ed.), S. Giustino, *Dialogo con Trifone* (Paoline, Milano 1988) 102, n. 1.

quehacer cotidiano, que él, sin ser presbítero[35], dedicó a anunciar aquella fe que lo había encontrado.

Esa forma de donación cotidiana es la que Justino testimonia también en su respuesta al prefecto Rústico: al que quería ir a verle a su casa, Justino «comunicaba las palabras de la verdad», ἐκοινώνουν αὐτῷ τῶν τῆς ἀληθείας λόγων. Quizás la variación que de esta frase hace el lema de nuestra universidad, *Veritatis Verbum communicantes*, «comunicando la Palabra, el Verbo de la verdad», es la mejor explicación de la expresión de Justino: las palabras de la verdad, que Justino quería comunicar a todo aquel que quisiera acercarse[36], no son sino el Verbo de la verdad, la Palabra de Dios anunciada por aquellos a los que, decía la *Didaché*, había que buscar día y noche para hallar descanso en sus palabras.

Puede que un guiño a esas palabras que son la Palabra esté justamente en el verbo utilizado por Justino, κοινωνέω. En efecto, con ese término –o con sus correspondientes nominales κοινωνία y κοινωνός– Justino en su obra indica una relación y unión de vida, y a la vez su poner en común la gracia que ha recibido: la de comprender la verdad[37]. Por otra parte, con los mismos términos san Pablo indicaba no sólo la relación entre los cristianos[38], sino también su origen: la relación definitiva con Jesucristo a la que los hombres habían sido llamados[39]. Aquellas «palabras de la verdad» de Justino –simple cristiano, simple bautizado, diríamos hoy «laico»–, pues, *comunicaban*, ofrecían la comunión de Justino (y, en él, la de la comunidad cristiana), porque *comunicaban*, ofrecían la comunión con aquel que *es* la Palabra de la Verdad, el Verbo de Dios.

En efecto, la dimensión de la comunicación, del ofrecer la comunión, o, dicho con términos modernos, la dimensión misionera –por la que el que comunica es involucrado en la misión de Jesucristo de ofrecer

---

35 Por ejemplo cf. Pʜ. Bᴏʙɪᴄʜᴏɴ (ed.), Jᴜsᴛɪɴ Mᴀʀᴛʏʀ, *Dialogue avec Tryphon*, I (Academic Press, Fribourg 2003) 2.

36 Cf. también Jᴜsᴛɪɴᴏ, *Diálogo* 64,2.

37 Por ejemplo cf. Jᴜsᴛɪɴᴏ, *Diálogo* 58,1.

38 Por ejemplo cf. 2 Cor 9,13.

39 Por ejemplo cf. 1 Cor 1,9.

la comunión de Dios a los hombres– es propia de todo bautizado. Esta convicción no es persuasión exclusiva de unos autores, de un período histórico, o de una zona geográfica, sino que es patrimonio de la fe católica; de hecho, es recogida por el Vaticano II[40]. Por eso, me parece interesante concluir nuestro recorrido sobre la dignidad y la vida nueva del bautizado en los orígenes del cristianismo con una incursión en un tiempo y en un territorio un poco más lejanos de donde nos hemos movido hasta ahora: el Oriente –en concreto, la Siria– del siglo IV.

Uno de los primeros autores cristianos de los que poseemos escritos en ese territorio que recibió el Evangelio de entre los primeros, es san Efrén. Diácono, teólogo y poeta, nos testimonia la vivencia de la misma fe cristiana en esa sensibilidad tan propia de Oriente, que conoce por imágenes y anuncia por símbolos. De entre los numerosos himnos suyos que nos han sido transmitidos, me parece particularmente significativo para nuestro estudio uno, el *Himno 23 sobre la virginidad*, en el que Efrén relata la historia de la samaritana[41].

Bienaventurada eres, mujer, ya que tu justicia no dejó oculto lo que encontraste. Aquel eximio tesoro se ofreció con creces a tu pobreza por amor. [...]
En cualquier tiempo para cualquiera que fuera a beber se sacaba de aquel pozo una y la misma bebida. [...] La fuente viva deja fluir diferentes bendiciones para aquellos que comprenden. [...]
En la tierra de Nazaret María, sedienta, de su escucha concibió a nuestro Señor; tú también, mujer, sedienta del agua, de la escucha concebiste al Hijo. Bienaventurados tus oídos, que han bebido de aquello que sació el deseo del mundo. María lo depositó en un pesebre; tú lo depositaste en los oídos de los que te escuchaban. [...]

---

40 Por ejemplo cf. LG 33.
41 Cf. Jn 4,5-42.

Tu voz, mujer, incluso precedió a los apóstoles en su predicación. [...] Bienaventurada tu boca, la que Él mismo abrió e instruyó en la verdad. A ti te dio el granero de la vida para sembrarlo. Penetraste en la ciudad, que estaba muerta como los infiernos, y de su muerte la hiciste viva[42].

Se puede uno preguntar la pertinencia de este himno a nuestro tema, ya que la samaritana ni estaba bautizada, ni era estrictamente «laica», «del pueblo», pues no pertenecía al pueblo de Israel; como nos dice el nombre con el que ha pasado a la historia, era una samaritana. Sin embargo, decíamos, Efrén es un poeta, trabaja por imágenes y por símbolos. Cómo no leer en aquella fuente viva que es Cristo, en aquella agua que sacia, de la que más verdaderamente la samaritana estaba sedienta, una alusión al bautismo, ¿aquello que permite participar en la vida de Dios? En varias ocasiones con el signo del agua Efrén alude claramente al bautismo[43], que para él en cierto sentido sigue la fe, aunque también la sella y la lleva a plenitud[44]. Y ¿acaso no ha permitido a la samaritana ese encuentro con el Señor, esa acogida del Señor que se le ofrecía a su pobreza por amor, el renacer a una vida nueva? Es así: el encuentro con el Señor, con «la fuente viva», con «el agua que sació el deseo del mundo» la ha insertado en la Vida hasta tal punto que le ha permitido ser fecunda de esa misma Vida. Por esa fecundidad que viene de la acogida, «de la escucha» de lo que sacia la sed, tal como María «sedienta, de su escucha concibió a nuestro Señor, tú también, mujer», samaritana, «sedienta del agua, de la escucha concebiste al Hijo». Y así, tal como «María lo depositó en un pesebre, tú», samaritana, «lo depositaste en los oídos de los que te escuchaban». La fecundidad de la

---

42 EFRÉN, *Himno sobre la virginidad* 23,1.3.5.7. El texto original se encuentra en E. BECK (ed.), *Des heiligen Ephraem des Syrers Hymnen de Virginitate* (Secrétariat du CorpusSCO, Louvain 1962) 81-83; un agradecimiento especial por la traducción a Clara Forcada i Zamora.
43 Por ejemplo cf. EFRÉN, *Himno sobre la Epifanía* 5.
44 Cf. G. SABER, *La théologie baptismale de saint Ephrem* (Kaslik 1974) 56-58.

samaritana, en su peculiar bautismo, está en engendrar al Hijo para otros: en ser misionera, en cierto sentido apóstol, «enviada», en anunciar la verdad a aquellos a los que ella sola podía llegar. En su peculiar bautismo la samaritana recibe no la semilla, sino la abundancia del granero de la vida: con ese granero puede ir a la ciudad, a esos lugares y circunstancias donde, parafraseando LG 33, sólo ella podía llegar a ser la sal de la tierra. Y así, con esa fuente, esa agua, ese granero, la samaritana puede penetrar en quien está muerto y de su muerte hacerlo vivo.

La constitución *Lumen gentium* así concluye el capítulo dedicado a los laicos: «Cada laico debe ser ante el mundo testigo de la resurrección y de la vida del Señor Jesús y signo del Dios vivo. [...] En una palabra, "lo que es el alma en el cuerpo, eso han de ser los cristianos en el mundo"» (LG 38).

Para resumir la tarea del laico –es decir, la dignidad de su llamada por la vida nueva que le ha sido dada a partir del bautismo– la constitución *Lumen gentium* escoge uno de los primeros y de los más bellos textos cristianos de todos los tiempos: la *Carta a Diogneto*. Nosotros explicitamos el contenido de este ser de los cristianos en el mundo como el alma en el cuerpo, de esa consagración del mundo a Dios que, según LG 34, los laicos están llamados a realizar, con otro de los primeros, y quizás también de los más bellos textos cristianos. Leemos de la *Epideixis* de san Ireneo:

> Por lo tanto, no necesitamos de la ley como pedagogo; he aquí que nosotros hablamos con el Padre y estamos en su presencia convertidos en niños sin malicia y afincados en la justicia y honestidad. La Ley, en efecto, no afirmará más: «*no cometer adulterio*» (Ex 20,14; Mt 5,27-28) a aquel que ni siquiera ha deseado la mujer de otro; o «*no matar*» (Ex 20,13; Mt 5,21.22) a aquel que ha erradicado de sí la ira y la enemistad; o «*no desear el campo de tu vecino, su buey o su asno*» (Ex 20,17; Mt 6,19-20; Lc 12,33) a los que no tienen ambición por las cosas terrenas sino que acopian provisiones para el cielo; ni

siquiera «*ojo por ojo, diente por diente*» *(Ex 21,24; Mt 5,38)* a quien no tiene enemigos y a todos trata como prójimo y por eso no levanta la mano para vengarse; no exigirá los diezmos de quien ha consagrado a Dios todos sus bienes y ha dejado padre, madre y toda su familia para seguir al Verbo de Dios. Ya no mandará guardar un día de descanso al que todos los días observa el sábado, es decir, al que rinde culto a Dios en el templo de Dios, que es el cuerpo del hombre[45].

---

45 IRENEO DE LYON, *Epideixis* 96. Traducción en: E. ROMERO POSE (ed.), IRENEO DE LIÓN, *Demostración de la predicación apostólica* (Ciudad Nueva, Madrid 1992) 217-218.

EN CRISTO Y EN LA IGLESIA
NINGUNA DESIGUALDAD (LG 32)

Gabriel Richi Alberti

FACULTAD DE TEOLOGÍA

1. UNA EXPRESIÓN PARADIGMÁTICA

«En Cristo y en la Iglesia no hay ninguna desigualdad»: la expresión que da título a nuestra reflexión se encuentra en el número 32 de la constitución dogmática *Lumen gentium* del Concilio Vaticano II. Como sabemos este número pertenece al capítulo IV dedicado a *Los laicos*, siendo «ésta, sin duda, la primera vez en la historia que un concilio consagra un capítulo particular a los seglares»[1]. Este número 32 se sitúa en la primera parte del capítulo, dedicada a lo que podemos denominar el horizonte eclesiológico y los principios generales sobre los fieles laicos, es decir, es uno de los elementos del núcleo teológico fundamental de la enseñanza conciliar sobre este tema.

La afirmación constituye una expresión paradigmática de la doctrina conciliar en cuanto que, literalmente, se distancia de la descripción de la Iglesia en términos de *societas inaequalis*, es decir, compuesta de

---

[1] G. Philips, *La Iglesia y su misterio en el Concilio Vaticano II* vol. 2 (Herder, Barcelona 1969) 13.

miembros caracterizados por la desigualdad establecida en virtud de la pertenencia de algunos fieles al clero y del resto al laicado[2]. Se trata de los célebres *duo genera christianorum* del decreto de Graciano[3]. Como sabemos, la Reforma protestante reaccionó con dureza a dicha distinción con una afirmación unilateral del sacerdocio común de los fieles, hasta el punto de negar la existencia del sacerdocio ministerial en la Iglesia[4], tesis condenada explícitamente por el Concilio de Trento[5]. El desarrollo de la eclesiología desde las controversias con el protestantismo hasta la teología apologética, que defendió la autonomía de la Iglesia respecto a los estados modernos, puede ser paradigmáticamente resumido en la consideración de la Iglesia como una *societas perfecta et inaequalis seu hierarchica*[6]. El papa san Pío X recogió esta descripción de la Iglesia en su encíclica *Vehementer Nos*, interpretándola a la luz de la doctrina del Cuerpo místico[7].

---

2   En este sentido, comenta Santiago Madrigal: «... se percibe el esfuerzo de pasar de una descripción del laicado en términos negativos, es decir, por contraposición al estado clerical o religioso –esquema predominante durante siglos estampado por el Decreto de Graciano en el axioma "hay dos clases de cristianos"–, a una descripción en positivo, en la línea marcada por el capítulo II de *Lumen gentium*», S. MADRIGAL, "Comentario a la constitución *Lumen gentium*", en: ID. (ed.), *Comentario teológico a los documentos del Concilio Vaticano II* vol. 1 (BAC, Madrid 2023) 557-778, aquí 654. Además cf. D. VITALI, "Capitolo IV. I laici", en: S. NOCETI – R. REPOLE (a cura di), *Commentario ai documenti del Vaticano II 2. Lumen gentium* (EDB, Bologna 2015) 316-354, aquí 316 n. 3; P. HÜNERMANN, "Theologischer Kommentar zur dogmatischen Konstitution über die Kirche *Lumen gentium*", en: ID. – B. J. HILBERATH (hgs.), *Herders Theologischer Kommentar zum Zweiten Vatikanischen Konzil* Band 2 (Herder, Freiburg – Basel – Wien 2009) 263-582, aquí 467.

3   Cf. J. FORNÉS, "Notas sobre el 'Duo sunt genera christianorum' del decreto de Graciano": *Ius Canonicum* 60 (1990) 607-632.

4   Cf. A. ANTÓN, *El misterio de la Iglesia. Evolución histórica de las ideas eclesiológicas* vol. 1 (BAC, Madrid 1986) 553-566.

5   Cf. DS 1771.

6   Sobre dicha expresión véase: D. MUCCI, "La Chiesa como società giuridicamente perfetta": *Ius Ecclesiasticum* 29 (2017) 413-420.

7   Cf. ibid., 415. «Nam primum huius decreta legis constitutionem ipsam offendunt, qua Christus Ecclesiam conformavit. Scriptura enim eloquitur et tradita a Patribus doctrina

Así pues, la afirmación presente en el esquema *De Ecclesia*, según la cual *nulla in Christo et in Ecclesia inaequalitas*, no podía pasar inadvertida ni a los padres conciliares llamados a pronunciarse sobre la misma ni, una vez aprobada, a los teólogos en general, pues constituía un claro cambio de mentalidad, y también de vocabulario, a la hora de pensar y describir el misterio de la Iglesia[8].

Pero, para poder destacar más adecuadamente el valor de esta afirmación, leamos íntegramente el número 32 de *Lumen gentium*, tal y como fue aprobado por el Concilio el 21 de noviembre de 1964:

> La Iglesia santa, por institución divina (*ex divina institutione*), está ordenada y dirigida con una diversidad admirable. «Pues igual que en un solo cuerpo tenemos muchos miembros, pero todos los miembros no hacen lo mismo, así nosotros, siendo muchos, somos un solo cuerpo en Cristo, pero cada uno es miembro de los demás» (Rom 12,4-5).

---

confirmat, Ecclesiam mysticum esse Christi corpus *pastorum* et *doctorum* auctoritate administratum (Ephes. IV, 11 seqq.), id est societatem hominum, in qua aliqui praesunt ceteris cum plena perfectaque regendi, docendi, iudicandi potestate (Matth. XXVIII, 18. 20; XVI, 18. 19; II. Cor. X. 6; XIII, 10, et alibi). Est igitur haec societas, vi et natura sua, *inaequalis*; duplicem scilicet complectitur personarum ordinem, pastores et gregem, id est eos, qui in variis hierarchiae gradibus collocati sunt, et multitudinem fidelium: atque hi ordines ita sunt inter se distincti, ut in sola hierarchia ius atque auctoritas resideat movendi ac dirigendi consociatos ad propositum societati finem; multitudinis autem, officium sit, gubernari se pati, et rectorum sequi ductum obedienter», Pío X, *Vehementer Nos* (11 de febrero de 1906): *Acta Sanctae Sedis* 39 (1906) 3-16, aquí 8-9. Sobre la enseñanza eclesiológica de san Pío X, véase: A. ANTÓN, *El misterio de la Iglesia. Evolución histórica de las ideas eclesiológicas* vol. 2 (BAC, Madrid 1986) 492-501.

8 «Con este aspecto de la eclesiología de la *communio* se supera básicamente la idea de la Iglesia como una *societas inaequalis*. Afirma ese aspecto que la común pertenencia al pueblo de Dios precede a toda distinción de ministerios, carismas y servicios», W. KASPER, "Iglesia como communio", en: ID., *Teología e Iglesia* (Herder, Barcelona 1989) 376-400, aquí 395.

El Pueblo elegido de Dios es, por tanto, uno: «un solo Señor, una sola fe, un solo bautismo» (Ef 4,5); común la dignidad de los miembros en virtud de su regeneración en Cristo, común la gracia de hijos, común la vocación a la perfección, única la salvación, única la esperanza e indivisa la caridad. Por tanto, en Cristo y en la Iglesia no hay ninguna desigualdad (*Nulla igitur in Christo et in Ecclesia inaequalitas*) por razones de raza o nación, de sexo o de condición social porque «no hay judío ni griego; no hay siervo ni libre; no hay hombre ni mujer. En efecto, todos sois "uno" en Cristo Jesús» (Gál 3,28 gr.; cf. Col 3,11). Y así, aunque en la Iglesia no todos vayan por el mismo camino, sin embargo, todos están llamados a la santidad y les ha tocado en suerte la misma (*coaequalem*) fe por la justicia de Dios (cf. 2 Pe 1,1). Aunque algunos por voluntad de Cristo (*ex voluntate Christi*) hayan sido constituidos maestros, administradores de los misterios y pastores en favor de los otros (*pro aliis*), sin embargo, existe entre todos una verdadera igualdad en cuanto a la dignidad y a la acción común a todos los fieles en orden a la edificación del Cuerpo de Cristo (*vera tamen inter omnes viget aequalitas quoad dignitatem et actionem cunctis fidelibus communem circa aedificationem Corporis Christi*). La diferencia, en efecto, que estableció el Señor (*Dominus posuit*) entre los ministros sagrados y el resto del Pueblo de Dios (*reliquum Populum Dei*) lleva consigo la unión, pues los Pastores y los demás fieles (*alii fideles*) están unidos entre sí porque se necesitan mutuamente. Los Pastores de la Iglesia, a ejemplo de su Señor, se sirvan unos a otros y a los otros fieles (*aliisque fidelibus ministrent*), y estos, por su parte, colaboren con entusiasmo con los Pastores y doctores. De este modo, en la variedad (*in varietate*) todos dan testimonio de la admirable unidad (*de mirabile unitate*) en el Cuerpo de Cristo: pues la misma diversidad (*diversitas*) de gracias, de servicios y de operaciones reúne en unidad (*in unum colligit*) a los hijos de Dios, porque «todo esto lo hace el único y mismo Espíritu» (1 Cor 12,11).

Los laicos, por tanto, así como por beneplácito divino (*ex divina dignatione*) tienen a Cristo por hermano, el cual, Señor de todo, vino, sin embargo, a servir y no a ser servido (cf. Mt 20,28), de la misma manera tienen como hermanos (*fratres*) a los que, en el sagrado ministerio, enseñando, santificando y gobernando con la autoridad de Cristo pastorean a la familia de Dios (*familiam Dei*), de manera que todos cumplen el mandamiento nuevo de la caridad. San Agustín lo expresó muy hermosamente: «Cuando me aterra lo que soy para vosotros, entonces me consuela lo que soy con vosotros. Para vosotros, en efecto, soy Obispo, con vosotros soy cristiano. Aquel es el nombre del cargo, este el de la gracia; aquel, el del peligro; este, el de la salvación» (*Serm.* 340,1: PL 38,1483).

2. Algunas noticias del proceso de redacción

La historia de la redacción de este número 32 nos ofrece algunas noticias que vale la pena conocer porque constituyen indicaciones de gran valor para una adecuada interpretación de la enseñanza conciliar[9].

Ante todo, la primera versión del texto la encontramos en el segundo esquema *De Ecclesia* –el esquema preparado a partir de la base de G. Philips– en el contexto del entonces tercer capítulo dedicado al Pueblo de Dios y en particular a los laicos[10]. Se trata, en ese momento,

---

9   Cf. F. Retamal, "Un pueblo de hermanos. La igualdad fundamental de los fieles en la Iglesia": *Teología y Vida* 22 (1981) 17-29.

10 Cf. *Acta Synodalia* II/1, 215-281. Este esquema corresponde a la segunda columna de la sinopsis publicada por Gil Hellín: F. Gil Hellín, *Concilii Vatican II Synopsis. Constitutio Dogmatica de Ecclesia Lumen Gentium* (Pontificium Atheneum Sanctae Crucis – LEV, Città del Vaticano 1995), en adelante *Gil Hellín*.

del número 23[11]. Este primer dato nos ayuda a comprender que cuanto se dirá en el definitivo número 32 que estamos comentando tiene su horizonte original en la consideración de la Iglesia como Pueblo de Dios[12]. Ciertamente, se trata de una materia que quedará en el futuro capítulo cuarto sobre el laicado y, sin embargo, por su contenido hace referencia a la doctrina del Pueblo de Dios en general, en cuanto que ofrece una descripción del mismo que tiene en cuenta su unidad y variedad características. Una variedad, además, que no implica desigualdad.

En la *Relatio de n. 32, olim n. 23*, que nos ofrece el texto de la nueva redacción del esquema, ya revisada y corregida, se nos da razón de los cambios que han sido introducidos y que resultan muy significativos[13].

En primer lugar, podemos citar la sugerencia de algunos obispos franceses que pidieron la supresión del título ilustrativo –sabemos que dichos títulos no pasaron a formar parte del texto definitivo de la constitución– que acompañaba el número 23. Dicho título, en efecto, recitaba: *De membrorum in Ecclesia Christi aequalitate et inaequalitate*[14]. El texto del número 32, con la supresión de este título, renuncia a considerar que entre los miembros de la Iglesia se dé igualdad y desigualdad, asumiendo las diferencias existentes no en términos de desigualdad, sino de "variedad en la unidad". Explícitamente los revisores del texto insisten en el hecho de que la "diversidad es un elemento de la unidad", ya

---

11 Cf. *Acta Synodalia* II/1, 257-258; *Gil Hellín*, 328-353. En el comentario que los redactores añadieron al número 23 se puede leer: «N. 23: *Consideratio generalis* de varietate membrorum in Populo Dei. Fundamentalis est aequalitas omnium in dignitate christiana, dum ipsa diversitas ad unam omnium salutem tendit», *Acta Synodalia* II/1, 268.

12 A este respecto, Vitali llega a afirmar que «L'intento del paragrafo è di applicare ai laici quanto già ampiamente affermato per tutti i battezzati nel capitolo II della costituzione. Per certi versi appare un doppione», VITALI, "Capitolo IV. I laici", 331.

13 Cf. *Acta Synodalia* III/1, 283.

14 En dicha sugerencia, los obispos franceses proponían titular el número 23 de esta manera: «Melius forte diceretur: "De diversa membrorum in Ecclesia Christi vocatione" seu "dignitate"», *Acta Synodalia* II/1, 762-770, aquí 767; E/529, en *Gil Hellín* 1030-1034, aquí 1031. A este propósito cf.: VITALI, "Capitolo IV. I laici", 331.

que proviene de la operación del Espíritu Santo, tal y como recuerdan los orientales[15].

En segundo lugar, uno de los elementos que permite desarrollar el tema de la "variedad en la unidad", son las referencias al ministerio ordenado, el cual es siempre considerado como parte del Pueblo de Dios. En efecto, el texto hablará explícitamente de los ministros y "del resto del Pueblo de Dios" y de los Pastores y de "los otros fieles", dejando claro que la condición de pastor ni suprime si sustituye la condición de fiel, de miembro del Pueblo de Dios. Además, la relación entre pastores y fieles es descrita con decisión en términos de *ministerio*, de diaconía. De este modo, por ejemplo, se sustituye la expresión *super alios* (sobre los otros fieles) con la expresión *pro aliis* (en favor de los otros fieles), y la razón que se aduce es explícita: con este cambio se indica mejor que se trata de un ministerio o diaconía[16].

Por último, es importante subrayar que en dos ocasiones la *Relatio* hace referencia al término *koinonia* a la hora describir la unidad de la que se está hablando cuando nos referimos al Pueblo de Dios[17]. Además,

---

15   El autor de esta sugerencia es el obispo maronita I. Ziade: «Verbum "aequalitas" vel "inaeaqualitas" in par. 23, ambiguum et non concordans videtur cum Sacra Scriptura quae potius loquitur de diversitate "gratiarum et ministerationum et operationum" [1 Cor. 12, 4-6] in uno Spiritu», *Acta Synodalia* II/3, 211; E/985, *Gil Hellín*, 1506-1508, aquí 1507.

16   La propuesta fue presentada por mons. Henri Donze, obispo de Tarbes, en nombre de treinta obispos: «Pag. 6, lin. 15... Pastores super alios... pro "super alios", qui sane verum sensum praebet, sed nimis iuridicum, melius esset: "ad alios" vel "pro aliis" (cf. Hebr. 5,1)», *Acta Synodalia* II/3, 450; E/1014, en *Gil Hellín* 1550-1555, aquí 1551. En el mismo sentido véanse las intervenciones de mons. Simon Hoa Nguyen-Van Hien, obispo vietnamita (cf. *Acta Synodalia* II73, 514; E/1045, en *Gil Hellín* 1572-1573) y la propuesta del cardenal A. Bea (cf. *Acta Synodalia* II/3, 393; E/990, en *Gil Hellín* 1528-1532). Sobre este aspecto se detienen: F. KLOSTERMANN "Kommentar zum IV. Kapitel.", en: *Lexikon für Theologie und Kirche. Das Zweite Vatikanische Konzil. Kommentare Teil* I (Herder, Freiburg – Basel – Wien 1966) 260-283, aquí 267; HÜNERMANN, "Theologischer Kommentar zur dogmatischen Konstitution über die Kirche *Lumen gentium*", 467.

17   Cf. *Acta Synodalia* III/1, 283 (C) e (I). La insistencia en la presentación de la Iglesia como *familia Dei* fue sostenida por el ya citado obispo vietnamita, Simon Hoa Nguyen-Van

en una de ellas se vincula el término *koinonia* con la expresión *familia Dei*[18]. Se trata de un dato significativo porque ayuda a superar dicotomías indebidas entre la perspectiva del Pueblo de Dios y la perspectiva propia de la eclesiología de comunión[19].

Por último, y como muestra de la atención del Concilio a los problemas con los que se tenía que enfrentar la Iglesia en aquel momento de manera muy clara, se introdujo la referencia a "la raza o estirpe" para oponerse explícitamente al racismo[20].

3. CLAVES ECLESIOLÓGICAS

¿Qué claves nos ofrece la enseñanza del número 32 de *Lumen gentium* para pensar la Iglesia y, en dicho marco, la dignidad del fiel

---

Hien, y otros seis obispos asiáticos (cf. *Acta Synodalia* II/2, 42; E/563, en *Gil Hellín* 1097-1099). Las otras referencias sobre la importancia de la dimensión comunional son el texto ya citado de Mons. Donze y, aunque es menos claro, la observación de mons. J. Ménager, obispo de Meaux (*Acta Synodalia* II/3, 208, E/983, en *Gil Hellín* 1502-1504). En este sentido, Mucci reconoce que «*communio*, [es] il concetto che meglio esprime la natura della Chiesa, la sua autocomprensione», MUCCI, "La Chiesa come società giuridicamente perfetta", 416.

18 Sobre los vínculos entre la Iglesia pueblo de Dios y la Iglesia familia de Dios en los textos de *Lumen gentium* y, en general, en el Vaticano II, véase: C. RUILOBA CASTELAZO, *La Iglesia "Pueblo del Padre"* (Dissertationes Theologicae 46; Universidad San Dámaso, Madrid 2024) 167-176.

19 Un ejemplo de esta oposición en: VITALI, "Capitolo IV. I laici", 333.

20 A este respecto véanse las intervenciones de mons. L. Carli, obispo de Segni (*Acta Synodalia* II/1, 626; E/237, en *Gil Hellín* 878-894, aquí 891); mons. L. Franco Cascón, obispo de Tenerife (*Acta Synodalia* II/2, 463; E/660, en *Gil Hellín* 1189-1191, aquí 1189); mons. D. Hurley, arzobispo de Durban, en Sudáfrica (*Acta Synodalia* II/3, 157; E/966, en *Gil Hellín* 1472-1473); mons. R. Tracy, obispo de Baton Rouge, Lusiana (*Acta Synodalia* II/3, 289; E/1025, en *Gil Hellín* 1564); y mons. D. R. Lamont, obispo de Umtali, en Zinbabue (*Acta Synodalia* II/3, 494; E/1078, en *Gil Hellín* 1600-1601, aquí 1601). Cf. PHILIPS, *La Iglesia y su misterio*, 34.

laico? Podemos citar las siguientes claves fundamentales que nos ayudarán a reconocer la dignidad del fiel laico.

En primer lugar, la enseñanza de este número a propósito de la igualdad fundamental de los fieles cristianos se nos propone como un elemento propio de la constitución divina de la Iglesia, es decir, de la voluntad de Dios respecto a la Iglesia, razón por la que en ningún caso la Iglesia tiene poder para modificar dicha disposición[21]. El texto lo indica a través de una serie de expresiones muy claras: *ex divina institutione* (por institución divina), *ex voluntate Christi* (por voluntad de Cristo), *Dominus posuit* (el Señor estableció), y *ex divina dignatione* (por benevolencia divina). De este modo, la consideración de la igualdad fundamental de los cristianos es un dato constitutivo de la Iglesia y no puede, en ningún modo, considerarse como una moda pasajera o un acento propio de un momento histórico.

¿Cuál es el origen de dicha igualdad fundamental? La iniciación cristiana, es decir, la regeneración en Cristo, la filiación divina propia de todos los cristianos[22]. Se trata, por tanto, del don de la adopción filial que nos hace a todos miembros de la familia de Dios y, en cuanto tales, sujetos con la misma dignidad y con la misma vocación a la santidad[23]. Se insiste, entonces, en la vida teologal, no en los oficios que se puedan llevar a cabo en la Iglesia[24]. En este sentido, la dignidad común de los fieles cristianos, como procede del don divino, no puede ser puesta en entredicho por ningún factor humano. Se entiende entonces la expresión que da título a nuestra reflexión: «en Cristo y en la Iglesia no hay ninguna

---

21 Hünermann considera esta afirmación de la igualdad de los fieles cristianos el "pendant teológico" de los modernos derechos humanos. Cf. Hünermann, "Theologischer Kommentar zur dogmatischen Konstitution über die Kirche *Lumen gentium*", 467.

22 Sobre las características del *christifidelis* en la enseñanza conciliar véase: A. J. Pérez Martínez, *El fiel cristiano en la enseñanza del Concilio Vaticano II y su recepción en la eclesiología española postconciliar* (Dissertationes Theologicae 12; Universidad San Dámaso, Madrid 2014) 77-149.

23 Madrigal afirma que en estas expresiones «resuenan las afirmaciones sobre el pueblo mesiánico (cf. LG 9)», Madrigal, "Comentario a la constitución *Lumen gentium*", 657.

24 Vitali, "Capitolo IV. I laici", 331.

desigualdad por razones de raza o nación, de sexo o de condición social porque "no hay judío ni griego; no hay siervo ni libre; no hay hombre ni mujer. En efecto, todos sois 'uno' en Cristo Jesús" (Gál 3,28 gr.; cf. Col 3,11)». El texto de *Lumen gentium* ha querido utilizar el binomio *in Christo et in Ecclesia* precisamente para subrayar el origen cristológico de la igualdad eclesial. Precisamente porque somos una sola cosa en Cristo Jesús no es posible introducir en la Iglesia ningún tipo de discriminación o desigualdad por razones de raza, nación, sexo o condición social. La nueva creación supera radicalmente las divisiones históricas entre los hombres[25].

¿Cuál es el contenido de esta igualdad fundamental entre todos los fieles cristianos? *Lumen gentium* 32 lo describe explícitamente: «existe entre todos una verdadera igualdad en cuanto a la dignidad y a la acción común a todos los fieles en orden a la edificación del Cuerpo de Cristo». Se trata, en primer lugar, de la dignidad filial que nos caracteriza a todos y, en segundo lugar, de la acción en orden a la edificación del Cuerpo de Cristo, es decir, de la participación en la misión de la Iglesia. De esta manera, precisamente en cuanto cristiano, todo fiel es sujeto de la única misión de la Iglesia, recibiendo dicha participación con el don de la regeneración sacramental y no por ningún tipo de delegación o encargo por parte de los pastores[26]. La enseñanza de *Lumen gentium* consagra, de este modo, una visión de la Iglesia como fraternidad cris-

---

25 A este propósito insiste el mismo Vitali: «Ha un'intensità particolare l'uso della negazione – "nulla in Christo et in Ecclesia inaequalitas" – che non sembra limitarsi all'affermazione di principio che nella Chiesa sussiste una radicale uguaglianza di tutti i suoi membri, ma sembra escludere ogni discriminazione, ribadendo che non possono darsi differenze che si risolvano in forme di esclusione nella Chiesa», ibidem.

26 Por eso se comprende que Philips afirme: «Este párrafo está, de hecho, inspirado por la preocupación de probar que en el seno de la Iglesia los seglares no son menores de edad», PHILIPS, *La Iglesia y su misterio*, 33.

tiana[27] y, al mismo tiempo, la superación de una visión del laicado en términos de "brazo largo de la jerarquía"[28].

¿Qué decir, entonces, de la diferencia que establece el sacramento del orden entre los fieles ordenados y los fieles no ordenados? El texto conciliar no podía ignorar este dato porque, ante todo, esta distinción también pertenece a la constitución divina de la Iglesia y, en segundo lugar, porque era necesario explicarlo en el nuevo marco eclesiológico propuesto por *Lumen gentium*[29]. Para ello, el número 32 nos propone dos líneas de comprensión muy significativas.

La primera de ellas es el reconocimiento de la naturaleza comunional (*koinonía*) de la unidad eclesial. Dicha naturaleza excluye una consideración de la unidad en términos de uniformidad y, además, reconoce la existencia de una variedad en la Iglesia cuyo origen es precisamente el Espíritu[30]. Así como la división es signo inequívoco del pecado, la obra del Espíritu se expresa en la riqueza multiforme (la *varietas*) que caracteriza al Pueblo de Dios[31]. Como hemos dicho anteriormente, esta admirable variedad en la que se expresa la unidad de la Iglesia es descrita por nuestro número acudiendo a la imagen de la Iglesia como *familia*

---

27   Sobre el Pueblo de Dios como fraternidad cristiana véase: Cf. RUILOBA CASTELAZO, *La Iglesia "Pueblo del Padre"*, 256-269; RETAMAL, "Un pueblo de hermanos. La igualdad fundamental de los fieles en la Iglesia", 26-29.

28   Sobre la participación y la responsabilidad de los fieles a propósito de LG 32, véase: RUILOBA CASTELAZO, *La Iglesia "Pueblo del Padre"*, 258-260.

29   Sobre este tema Vitali establece un nexo entre lo que aquí se afirma y la enseñanza de *Lumen gentium* 10 sobre el binomio sacerdocio común – sacerdocio ministerial: VITALI, "Capitolo IV. I laici", 332. Además cf. PHILIPS, *La Iglesia y su misterio*, 36-37.

30   Insistiendo en la referencia pneumatológica, Klostermann remite a LG 12, cf.: KLOSTERMANN "Kommentar zum IV. Kapitel.", 266. Además cf.: PHILIPS, *La Iglesia y su misterio*, 35.

31   «El principio rector es la afirmación de la interna *variedad carismática* que caracteriza, por voluntad de Dios, la *unidad fundamental* de la Iglesia (LG 32a). El texto echa mano de una serie de pasajes paulinos que muestran que unidad y variedad son principios constitutivos en la Iglesia», MADRIGAL, "Comentario a la constitución *Lumen gentium*", 656-657.

GABRIEL RICHI ALBERTI

Dei, considerada como muy adecuada para subrayar la dimensión de la comunión[32].

La segunda línea de comprensión que se propone es, como ya hemos tenido ocasión de decir, una radical consideración del ministerio ordenado o jerárquico en términos de *diakonía* (servicio/ministerio), que algunos hermanos están llamados a prestar al resto de los hermanos[33]. Con decisión, el texto describe la relación entre fieles laicos y ministros ordenados en términos de fraternidad. Encontramos en este número 32 el reflejo de lo que *Lumen gentium* había ya enseñado en el número 24 –perteneciente al tercer capítulo sobre la constitución jerárquica de la Iglesia y especialmente sobre el episcopado– al afirmar: «Este encargo que el Señor confió a los pastores de su pueblo es un verdadero servicio, que en la Sagrada Escritura se llama con toda propiedad diaconía, o sea ministerio (cf. *Hch* 1,17 y 25; 21,19; *Rm* 11,13; *1Tm* 1,12)». Al mismo tiempo, el texto de *Lumen gentium* 32 anticipa lo que el decreto sobre el ministerio y la vida de los presbíteros enseñará en el número 9 cuando afirma: «Con todos los regenerados en la fuente del bautismo los presbíteros son hermanos entre los hermanos, puesto que son miembros de un mismo Cuerpo de Cristo, cuya edificación se exige a todos»[34].

En conclusión, el número 32 de *Lumen gentium* ofrece a la Iglesia una enseñanza de gran riqueza que permite situar eclesiológicamente a los fieles laicos en el Pueblo de Dios, que es una comunión (variedad en la unidad) en la que todos los miembros gozan de la misma dignidad y son sujetos, cada uno *peculiari modo*, de la misión de la Iglesia.

---

32   No obstante, Vitali se muestra en parte crítico con las formulaciones presentes en LG 32 a propósito de la colaboración con los pastores, por el riesgo que se puede correr de un retorno a esquemas eclesiológicos precedentes a la enseñanza del capítulo II sobre el Pueblo de Dios. Cf. Vitali, "Capitolo IV. I laici", 332-333.

33   Cf. Philips, *La Iglesia y su misterio*, 36.

34   Cf. M. Löhrer, "La jerarquía al servicio del pueblo cristiano", en: G. Baraúna, *La Iglesia del Vaticano II* (Juan Flors, Barcelona 1968) 715-729; G. Richi Alberti, *Padres, hijos y, sobre todo, hermanos. Notas sobre el ministerio presbiteral* (Didaskalos, Madrid 2023).

EL FIEL LAICO, SUJETO DE DERECHOS Y OBLIGACIONES

Antonio Ciudad Albertos

FACULTAD DE DERECHO CANÓNICO

1. *PROLEGOMENA*

La visión del laico que caracterizó a la Edad Media se prolonga con distintos matices hasta el siglo XX[1], incluida la codificación de 1917, en la que se expresa una visión estamental de la Iglesia, que llevará a prestar poca atención a los laicos en el Código. Lo que se refleja también, por ejemplo, a la hora de hablar de las asociaciones en la Iglesia, pues si bien éstas son alabadas y recomendadas y ocupan un lugar destacado en esta

---

[1] En la Edad Media se realizan la situación personal y las tareas propias del clérigo, mientras que la figura del laico queda relegada a un papel claramente secundario: primero porque no realiza las tareas propiamente eclesiásticas; y, en segundo lugar, y por comparación con el clérigo, porque se infravalora su posición en la Iglesia. Graciano (hacia el año 1140) es paradigma de esta visión del laico cuando afirma que «sunt duo genera christianorum»: el primer género lo forman los clérigos y los monjes, a los que les corresponde una intensa vida cristiana, se dedican a la oración y la contemplación, viven la pobreza y se apartan del mundo; el segundo género es el de los laicos, que tienen permiso para poseer bienes temporales, para contraer matrimonio, y que incluso pueden salvarse si evitan los vicios (cf. *Decretum*, Causa XII, q. 1, c. 7).

codificación (cf. cc. 684-725, CIC 1917), sin embargo, y al contrario de lo que ha sucedido en la codificación actual (cf. cc. 327-329, CIC 1983), no hay ninguna referencia a las compuestas exclusivamente por laicos. Por lo que podemos decir que en el Código 1917 no encontramos una definición de laico como, por el contrario, sí la encontramos en el caso de los clérigos y de los religiosos. En resumen, se identifica al laico con el fiel común con su nota específica de no ser clérigo y vivir en el siglo[2].

El desarrollo de la doctrina canónica y teológica posterior a 1917 ha ido enriqueciendo la realidad del laicado en la Iglesia hasta llegar al Concilio Vaticano II, que supone un paso adelante en la conciencia acerca de la vocación y misión de los fieles laicos, y ofrece los elementos necesarios que han permitido elaborar la codificación actual promulgada en 1983. Este desarrollo permitió poner en el lugar que le corresponde la función y la responsabilidad de los laicos en la misión de la Iglesia y su ser cristianos en medio del mundo. Hay una verdadera renovación de la eclesiología en virtud de la cual se hace posible el redescubrimiento del papel activo y responsable del laico en la Iglesia y en el mundo. La distinción que se establece entre fieles y laicos tiene como razón de fondo que el laico cumple una función específica y propia que no pertenece a todos los fieles y que, por tanto, recae sobre él en virtud del lugar que ocupa en la Iglesia y en el mundo[3].

---

2   Sólo dos cánones se refieren directamente a los laicos, y en verdad lo hacen de una forma verdaderamente peculiar. El primero habla de los laicos como aquellos que «tienen derecho a recibir del clero… los bienes espirituales, y especialmente los auxilios necesarios para la salvación» (c. 682); y el segundo advierte a los laicos que «no le es lícito llevar el hábito clerical, exceptuados los seminaristas y demás aspirantes a las órdenes sagradas…» (c. 683).

3   La renovación que venimos comentando tiene su origen, sobre todo, en el capítulo IV de la constitución *Lumen gentium* (21-XI-1964), así como en el decreto que después lo desarrollará: *Apostolicam actuositatem* (18-XI-1965). Para un primer acercamiento a esta cuestión, cf. G. Philips, *La Iglesia y su misterio* II (Herder, Barcelona 1969) 13-85; S. Pié-Ninot, *Eclesiología* (Sígueme, Salamanca 2007) 289-331; A. Scola, *¿Qué es la Iglesia?* (EDICEP, Valencia 2008) 204-210; G. Richi Alberti, *Una débil criatura lleva a Dios* (Didáskalos, Madrid 2020) 144-146.

El Síndo de los Obispos de 1987 dedicado a los laicos fue un
punto de inflexión importante sobre esta cuestión. La exhortación apostólica *Christifideles laici* (30 diciembre 1988), que recoge las reflexiones
presentadas en el aula sinodal, ha supuesto un nuevo impulso teológico
y canónico a los planteamientos del Concilio, lo que ha producido, al
mismo tiempo, una extensa bibliografía en torno al tema de los laicos
en la Iglesia[4].

2. La nueva presentación de los derechos de los fieles

Uno de los retos más importantes de la nueva legislación era dar
cabida a todo lo que se había escrito sobre la realidad de los laicos en el
Concilio, y superar así su reducida presencia en el Código de 1917 (cf. cc.
682-683). Para ayudar a poner negro sobre blanco todas las reflexiones
de aquellos años se partió de la redacción de los derechos humanos,
en concreto de la *Declaración Universal de los Derechos Humanos* (10
diciembre 1948); y después se consideró que también podía ser opor-
tuno tener en cuenta las normas civiles sobre estos derechos, como por
ejemplo la *Ley Fundamental de Bonn* (23 mayo 1949). De esta manera
se encontró el marco adecuado para presentar los derechos de los fieles,
en general, y los de los laicos, en particular. Para facilitar su elaboración
nació, por último, el proyecto de *Lex Ecclesiae Fundamentalis* [LEF][5].

---

4   Cf. CEE, *Magisterio de la Iglesia sobre el laicado* (EDICE, Madrid 2020), edición pre-
parada por S. Pié-Ninot. En este libro encontramos los documentos más importantes
sobre el laicado desde el Concilio hasta nuestros días. Cf. además L. Navarro, «Laico», en: *Diccionario General de Derecho Canónico* [DGDC] IV, 956-964; M. de Salis,
«Laicado», en: *Diccionario de Eclesiología* (BAC, Madrid 2016) 786-802. Estos dos
artículos vienen acompañados de abundante bibliografía.

5   La LEF es el nombre de un importante proyecto de constitución o ley fundamental
eclesial, que debería incluir aquellas normas consideradas fundamentales por la Iglesia,
las cuales a su vez serían fuente de inspiración para el resto de la normativa canónica.
La elaboración de esta *Lex* fue una tarea sumamente compleja y tuvo lugar al mismo
tiempo que se revisaba el Código 1917. En 1981 Juan Pablo II decidió no promulgar

A pesar de toda esta influencia la Comisión de revisión del Código tuvo mucho cuidado a la hora de distinguir entre «derechos humanos» y «derechos de los fieles»: los primeros se mueven en el ámbito de la persona en general, mientras que los segundos hacen referencia a los fieles cristianos. Aunque nuestra reflexión se centrará en los derechos de los fieles, y más en concreto en los derechos de los laicos, no podemos olvidar la continua valoración de los derechos humanos en el magisterio de la Iglesia, pues son estas normas las que nos permiten dialogar con el hombre contemporáneo más allá de su posición política o religiosa. Es lo que pone de manifiesto Benedicto XVI en una de sus intervenciones: «Más allá de las diferentes formas en que han sido formulados y de los diferentes grados de importancia que hayan tenido en los diversos contextos culturales, los derechos humanos deben ser sostenidos y re-conocidos universalmente porque son inherentes a la naturaleza misma del hombre, que ha sido creado a imagen y semejanza de Dios»[6].

3. DERECHOS Y DEBERES DE LOS LAICOS

Los fieles laicos, además de los derechos y obligaciones que son comunes a todos los fieles cristianos y de los que se establecen en otros cánones, tienen los derechos y obligaciones que se enumeran en los cánones de este título (c. 224).

---

la LEF y la mayoría de sus cánones pasaron a formar parte del nuevo Código latino y posteriormente al Código oriental. Cf. G. P. MONTI, «Lex Ecclesiae Fundamentalis»: *QDE* 14 (2001) 89-112; A. Mª ROUCO VARELA, «El proyecto de Ley Fundamental para la Iglesia», en: ÍD., *Teología y Derecho* (Cristiandad, Madrid 2003) 344-394; D. CENALMOR, «Ley Fundamental de la Iglesia», en: *DGDC*, V, 80-87.

6   BENEDICTO XVI, *Discurso a los participantes en la Plenaria de la Academia P. de las Ciencias Sociales* (4-V-2009); y más recientemente, DDF, Decl. *Dignitas infinita* (25-III-2024), sobre la dignidad humana, especialmente los nn. 23-32.

Este canon abre el Título II, *Los derechos y las obligaciones de los fieles laicos*, afirmando que los laicos son receptores de los derechos y obligaciones comunes a todos los fieles, y al mismo tiempo disfrutan de una serie derechos y obligaciones propios de su estado. Lo que nos permite agrupar los cánones relacionados con los fieles laicos en tres grupos: a) los cánones que componen propiamente este título (cf. cc. 224-231); b) los cánones comunes a todos los fieles (cf. cc. 208-223); y c) las normas referentes directamente a los laicos establecidas en otros cánones a lo largo del Código o bien que indirectamente también se les pueden aplicar a ellos.

El Código, al describir otros estados de vida de la Iglesia no hace referencia explícita a los cc. 208-223, pero al hablar de los laicos sí que lo hace, a pesar de ser normas comunes a todos los fieles. Por eso, la remisión en el c. 224 a esos cánones indica que lo referente a todos los fieles se aplica preferentemente a los laicos. Mientras que en el estatuto codicial de los clérigos y de los consagrados esos cánones comunes se formulan de nuevo o se reproducen parcialmente —teniendo en cuenta los cambios propios de la diversa condición jurídica— en el estatuto jurídico de los laicos, sin embargo, en la mayoría de los casos no se hace así. Por eso, y por la referencia explícita a los cc. 208-223, se comprende que el número de normas específicas codiciales relacionadas con los laicos sea menor que en otros estados de vida.

Por último, es necesario hacer una remisión al c. 207 para aproximarse a la noción de laico, porque es allí donde el Código 1983, sin formalizar una definición, sí describe dos nociones básicas del término laico: como fiel no ordenado y como aquel que es presentado con la especificidad de la índole secular[7]. Se distinguen, por tanto, por el aspecto positivo de estar comprometidos en los *negotia saecularia* y por el aspecto negativo de no haber recibido el sacramento del orden

---

7   Canon 207 § 1: «Por institución divina ["ex divina institutione"], entre los fieles hay en la Iglesia ministros sagrados, que en el derecho se denominan también clérigos; los demás se denominan laicos».

ni ser miembros de un instituto de vida consagrada o sociedad de vida apostólica[8].

El c. 207 § 1 es el prisma desde el que contemplamos el posible estatuto jurídico del laico en los cc. 204-223 —cánones que como hemos confirmado están dedicados a todos los fieles—. A partir de estos cánones podemos afirmar que el laico, en virtud del bautismo recibido se incorpora a Cristo, adquiere la dignidad y libertad de los hijos de Dios, participa del sacerdocio de Cristo a través del sacerdocio común de todos los fieles y forma parte íntegramente del pueblo de Dios. Hay que insistir, por la novedad histórica que significa, que por el bautismo se le asignan todos «los derechos y deberes que son propios de los cristianos» (c. 96): lo que significa que está llamado a la santidad y a participar en la misión de la Iglesia, no como miembro pasivo que colabora con otros, sino con el derecho y el deber de hacer apostolado y realizar un papel esencial en la difusión del mensaje evangélico[9].

A. Destinados por Dios al apostolado (C. 225)

> § 1. Los laicos, puesto que, como todos los demás fieles, están destinados ['deputentur'] por Dios al apostolado ['ad apostolatum'] en virtud del bautismo y la confirmación, tienen la obligación general y gozan del derecho, tanto personal como reunidos en asociaciones, de trabajar ['allaborandi'] para que el mensaje divino de salvación sea conocido y recibido por todos los hombres y en todo el mundo. Obligación que es aún más apremiante en aquellas circunstancias ['in adiunctis'] en las que sólo a través de ellos pueden los hombres oír el Evangelio y conocer a Jesucristo.

---

8   Cf. LG 31 y 33; *Catecismo*, 897-900.
9   Para todo este planteamiento, cf. M. E. González, *Libro II del CIC: Pueblo de Dios: I. Los fieles* (EDICEP, Valencia 2005) 61 y 119.

El estudio de los textos del Concilio Vaticano II permite establecer un marco jurídico bastante preciso, referido, por una parte, al deber moral de todos los fieles —y específicamente a los laicos— de ejercer el apostolado, y por otra, al derecho —*ius nativum*— radicado en el bautismo, de participar en la misión salvífica de la Iglesia sin necesidad de más mandato que el de Cristo (cf. AA 3)[10]. Aplicando a los laicos el derecho-deber de todos los fieles, previsto en el c. 211[11], el c. 225 precisa que esta obligación general es aún más urgente cuando sólo a través de ellos [los laicos] pueden los hombres recibir el anuncio del Evangelio y conocer a Cristo. En efecto, «en las comunidades eclesiales su acción es tan necesaria que, sin ella, el apostolado de los pastores no puede, la mayoría de las veces, surtir pleno efecto»[12].

El deber moral de hacer apostolado, obligación general de todos los fieles, y también particular de los laicos, no es exigible jurídicamente, puesto que se trata de una consecuencia ascética ligada a otra obligación moral, proveniente también del bautismo: la de buscar la santidad (cf. c. 210). No se puede, pues, sobre la única base de ese deber, constreñir a un fiel a hacer apostolado; pero tampoco se le puede impedir hacerlo. Se trata de un derecho que cae en la esfera de lo que se ha llamado la *conditio libertatis*. En efecto, el derecho que pertenece a cada fiel, y más específicamente a cada laico, de ejercer el apostolado es un verdadero derecho exigible *erga omnes*, y apela a las obligaciones de los otros fieles y, en concreto, a las de los pastores.

---

10   Con parecidas palabras se expresa el Papa Francisco: «La evangelización obedece al mandato misionero de Jesús: "Id, pues, y haced discípulos míos a todos los pueblos, bautizándolos en el nombre del Padre y del Hijo y del Espíritu Santo, y enseñándoles a cumplir todo lo que os he mandado" (Mt 28, 19-20)» (Exhort. ap. *Evangelii gaudium*, 24-XI-2013, 19). Cf. también CDF, *Nota doctrinal sobre algunos aspectos de la evangelización* (3-XII-2007).

11   Canon 211: «Todos los fieles [cristianos] tienen el derecho y el deber de trabajar para que el mensaje divino de salvación llegue, cada vez más, a los hombres de todo tiempo y lugar».

12   *Catecismo*, 900; cf. también LG 33b; ChL 34-35.

ANTONIO CIUDAD ALBERTOS

Entre las obligaciones de los pastores recogidas por el derecho se pueden mencionar la de prestar el auxilio proveniente de los bienes espirituales, como la palabra de Dios y los sacramentos (cf. c. 213), o la de facilitar a los laicos el conocimiento de la doctrina cristiana (cf. c. 229). Ejercer el apostolado impone, por tanto, obligaciones recíprocas a los pastores, que deben procurar ofrecer con diligencia todos los medios sobrenaturales y espirituales necesarios para que los laicos puedan cumplir su misión en el mundo; y todo ello, partiendo de las necesidades específicas y los deseos que los laicos hubieran podido manifestar a sus pastores (cf. c. 212 § 2). Este servicio fundamental de los pastores no ha sido formalmente recogido en las normas del Código, sin embargo, se encuentra subyacente en la enumeración de las obligaciones y funciones tanto de los obispos como de los párrocos.

Subrayemos, finalmente, que se trata también de relaciones de naturaleza jurídica, en las que la alteridad debe enraizarse en el *suum cuique tribuere*. El laico que quiere asumir su deber moral, tiene derecho a exigir la ayuda espiritual y doctrinal de los pastores, del mismo modo que, por su parte, secundará fielmente «todo aquello que los sagrados pastores, en cuanto representantes de Cristo, declaran como maestros de la fe o establecen como pastores de la Iglesia» (c. 212 § 1). En parecidos términos se expresa la Exhortación apostólica *Christifideles laici*, cuando afirma: «Por esto, para asegurar y acrecentar la comunión en la Iglesia, y concretamente en el ámbito de los distintos y complementarios ministerios, los pastores deben reconocer que su ministerio está radicalmente ordenado al servicio de todo el pueblo de Dios; y los fieles laicos han de reconocer, a su vez, que el sacerdocio ministerial es enteramente necesario para su vida y para su participación en la misión de la Iglesia» (ChL 22c).

§ 2. Tienen ['adstringuntur'] también el deber específico, cada uno según su propia condición, de impregnar y perfeccionar el orden temporal ['rerum temporalium ordinem'] con el espíritu evangélico ['spiritu evangelico'], y dar así testimonio de

Cristo, especialmente en la realización de esas mismas cosas temporales y en el ejercicio de las tareas seculares ['atque in muneribus saecularibus exercendis'].

La gestión de las realidades propias del ámbito secular forma parte de la misión propia de los laicos consistente en animar, impregnar y perfeccionar el orden temporal con el espíritu cristiano dando testimonio de Cristo. Lo cual se entiende como una caracterización del principio general del derecho-deber de los laicos a hacer apostolado, siendo la secularidad la que perfila el ámbito de la acción apostólica contemplada en este canon.

La condición laical se configura con la secularidad. Es decir, la noción de laico, en cuanto tal, cumple en la Iglesia y en el mundo una misión que es propia de él, pero no exclusiva porque pertenece también a todo el pueblo de Dios. Y en este contexto se declara que, por su propia vocación, son los laicos los que buscan el reino de Dios tratando y ordenando las cosas temporales según Dios, y por eso se afirma que «el carácter secular es lo propio y peculiar de los laicos» (LG 31b)[13]. La secularidad es la realidad dentro de la cual gran parte de los fieles cumplen su misión en la Iglesia. Lo hacen de tal modo que vivir en el mundo, estar en el centro de las realidades temporales no es una táctica, ni un elemento puramente sociológico sino constitutivo de la condición jurídico-canónica del fiel laico: la familia, el trabajo, las relaciones sociales y las propias raíces culturales son las realidades en las que está llamado a ser santo y a desempeñar ordinariamente su apostolado testificando a Cristo con la vida y la palabra. En este sentido afirma Juan Pablo II: «El carácter secular debe ser entendido a la luz del acto creador y redentor de Dios, que ha confiado el mundo a los hombres y a las mujeres, para que participen en la obra de la creación, la liberen del influjo del pecado

---

13   En este sentido, cf. también CONGR. PARA EL CLERO ET ALIAE, Instr. *Ecclesiae de mysterio* (15-VIII-1997), *Proemium*.

y se santifiquen en el matrimonio o en el celibato, en la familia, en el trabajo y en las diversas actividades sociales» (ChL 15)[14].

B. RESPONSABILIDAD DE LOS ESPOSOS EN LA EDIFICACIÓN DEL PUEBLO DE DIOS (C. 226)

> § 1. Los laicos que, según su propia vocación, viven en el estado matrimonial ['in statu coniugali'], tienen el deber específico de trabajar ['allaborandi'], a través del matrimonio y la familia, en la edificación del pueblo de Dios.

El c. 266 § 1 reconoce una función particularmente importante a los laicos casados, de la que dimana su deber apostólico específico: edificar el pueblo de Dios por medio del matrimonio y de la familia. Sin embargo, hay que hacer notar que, como enseña el Concilio, los laicos, por medio del matrimonio y de la familia, no sólo edifican el pueblo de Dios, sino también la sociedad civil (cf. AA 11a; GS 47c). En efecto, por medio del matrimonio los laicos viven su condición secular tanto en la Iglesia como en el mundo (cf. LG 31a).

Según el Decreto *Apostolicam actuositatem*, el deber fundamental y el más sublime apostolado de los laicos casados consisten en manifestar con su misma vida la indisolubilidad y la santidad del matrimonio, en afirmar su derecho-deber a educar a los hijos, así como en defender la dignidad y la legítima autonomía de la familia. Por tanto, los laicos tienen que colaborar con todos los hombres de buena voluntad para que en la legislación civil sean sancionados y defendidos estos derechos (cf. AA 11c).

---

14 De todas estas actividades sociales, que tienen como objetivo «animar cristianamente el orden temporal», destaca la participación en la «vida política», de cuya presencia «de ningún modo pueden abdicar los laicos» (ChL 42). Cf. en este sentido: CDF, *Nota doctrinal sobre algunas cuestiones relativas al compromiso y la conducta de los católicos en la vida política* (24-XI-2002) 1, 3, 6 y 7.

También como expresión de la actuación de su ministerio, los esposos realizan otros servicios para la edificación del pueblo de Dios y de la sociedad, como la adopción de niños, la acogida de forasteros, la dirección de escuelas, la asistencia a los adolescentes, la ayuda a los novios, la catequesis, el apoyo a los esposos y a las familias necesitadas material y espiritualmente, la ayuda a los ancianos, la promoción en la sociedad y en la legislación civil de la dignidad de la familia, etc. (cf. AA 11d)[15].

§ 2. Los padres, por haber transmitido la vida a sus hijos, tienen el derecho y el gravísimo deber de educarlos ['gravissima obligatione tenentur et iure gaudent eos educandi']. Por tanto, corresponde a los padres cristianos, en primer lugar, procurar la educación cristiana de sus hijos según la doctrina enseñada por la Iglesia ['ab Ecclesia traditam'].

Ha de subrayarse que el derecho de los padres a la educación de sus hijos es un «*ius primarium*» (c. 1136). Los padres deben ser reconocidos como los primeros y principales educadores de sus hijos (cf. GE 3a), sabiendo que «el derecho y el deber de la educación son para los padres primordiales e inalienables» (*Catecismo*, 2221). Se trata, por tanto, de un derecho natural de los padres, cuyo reconocimiento, tanto en derecho canónico como en los derechos de los Estados, comporta numerosas manifestaciones. Este derecho natural de los padres, defendido con determinación por la Iglesia frente a los poderes estatales, conserva su mismo alcance de derecho natural en el ordenamiento canónico. Es decir que, se debe reconocer a los padres este derecho natural a la educación de sus hijos, de forma especial cuando existan programas educativos cuyo contenido no pueda ser unánimemente aceptado. Los cc. 226 § 2

---

15   Partiendo de este texto conciliar, otros documentos posteriores han profundizado en la misma dirección: Juan Pablo II, Exhort. ap. *Familiaris consortio* (22-XI-1981) 42-48; Íd., Exhort. ap. ChL 41.

y 1136 establecen sin ambages el derecho a la educación; y este derecho se ve consolidado por otros derechos conexos o complementarios al derecho principal. En este sentido, los cc. 796-799 reconocen a los padres derechos de una gran envergadura: obtener la cooperación de los educadores, gozar de libertad en la elección de las escuelas, velar para que se provea a la educación católica, religiosa y moral de sus hijos, según la conciencia de sus padres, etc.

En el mismo c. 226 se subraya una especificación de este derecho-deber: corresponde a los padres la educación cristiana de los hijos, según la doctrina de la Iglesia. En efecto, según el Concilio, la familia tiene que considerarse como una Iglesia doméstica, en la que los padres tienen que ser para sus hijos los primeros ministros de la fe, testigos del amor de Cristo y ministros de su santificación[16]. Es éste un verdadero ministerio de los padres cristianos[17]. Los hijos deben recibir de sus padres el primer anuncio del Evangelio, ya que la familia es el lugar natural del primer germen de la fe[18]. Esta obligación de los padres corresponde al derecho de todo fiel de recibir la educación cristiana necesaria para llevar una vida evangélica coherente[19].

---

16 Canon 835 § 4: «A los demás fieles les corresponde también una parte propia en la función de santificar, participando activamente, según su modo propio, en las celebraciones litúrgicas y especialmente en la eucaristía; en la misma función participan de modo peculiar los padres, impregnando de espíritu cristiano la vida conyugal y procurando la educación cristiana de sus hijos».

17 Cf. AA 11c; LG 11b, 35c.

18 Cf. ChL 35 y 40. Un capítulo de la Exhort. ap. *Amoris laetitia* (19-III-2016) del Papa Francisco, que lleva por título: "Fortalecer la educación de los hijos" (nn. 259-290), se detiene especialmente en la importancia de la función educativa de las familias, que en estos momentos se ha vuelto tan compleja. Cf. también en este sentido, FRANCISCO, Exhort. ap. *Evangelii gaudium* (24-XI-2013) 70.

19 Canon 217: «Los fieles, puesto que están llamados por el bautismo a llevar una vida congruente con la doctrina evangélica, tienen el derecho a una educación cristiana por la que se les instruya convenientemente en orden a conseguir la madurez de la persona humana y al mismo tiempo conocer y vivir el misterio de la salvación».

Debemos advertir, por último, que, según la misma formulación del c. 226, el derecho-deber de los padres a la educación cristiana de sus hijos es primario, pero no exclusivo, ya que siempre permanece la obligación y el derecho de la Iglesia a la formación cristiana de todos sus miembros. Obligación que recae especialmente en «los pastores de almas» (c. 794 § 2; cf. también c. 1128). Debemos recordar en este sentido que, entre las obligaciones generales de los pastores, se encuentra la de ofrecer a los padres cristianos un apoyo imprescindible para poder cumplir sus obligaciones en relación con la educación de sus hijos y la edificación del pueblo de Dios. Además, también se imponen a los pastores obligaciones específicas en el marco preciso de las obligaciones de los padres. Así, el párroco debe prestar una atención personalizada a los fieles en general, pero en particular a las familias (cf. c. 529); debe también auxiliar y alentar la tarea de los padres en la catequesis familiar (cf. c. 776); instruir debidamente a los padres del niño que va a ser bautizado (cf. c. 851, 2°); cuidar, conjuntamente con los padres, de que los niños estén preparados para recibir la eucaristía (cf. c. 914).

C. LIBERTAD EN LOS ASUNTOS TERRENOS (C. 227)

> Los fieles laicos tienen derecho a que se les reconozca en los asuntos terrenos aquella libertad que compete a todos los ciudadanos. Sin embargo, al usar de esa libertad ['eadem libertate utentes'], han de cuidar de que sus acciones estén inspiradas por el espíritu evangélico ['spiritu evangelico imbuantur'] y en sintonía ['attendant'] con la doctrina propuesta por el magisterio de la Iglesia, evitando presentar ['caventes ne proponant'], en materias opinables, su propio criterio como doctrina de la Iglesia.

Se han hecho algunas críticas al Código por el hecho de que no dedica muchos cánones a los laicos. El contenido de este c. 227 explica en buena parte el porqué de esa ausencia de normas: no se trata de una laguna, sino más bien de la afirmación de un principio, el de la libertad y autonomía, que debe llevar al legislador, en buena lógica, a no regular las actividades que son libres. Este canon garantiza este derecho a la libertad y a la autonomía de que gozan los laicos en las cuestiones temporales. Deben ejercer siempre esa libertad en plena coherencia con su fe y asumiendo toda su responsabilidad, sin pretender atribuir a la Iglesia o a su doctrina lo que es opinión personal de un individuo (cf. GS 43c).

Este c. 227 se inspira en la Constitución *Gaudium et spes* (7 diciembre 1965), cuando dicho documento reflexiona sobre si una estrecha vinculación entre actividad humana y religión puede suponer alguna traba a la autonomía del hombre, de la sociedad o de la ciencia. Hay una autonomía de la realidad absolutamente legítima que considera «que las cosas creadas y la sociedad misma gozan de propias leyes y valores, que el hombre ha de descubrir, emplear y ordenar poco a poco»; autonomía que no sólo anhela todo hombre de bien, sino «que además responde a la voluntad del Creador» (GS 36b). Hay otra forma de entender la autonomía de lo temporal que defiende «que la realidad creada es independiente de Dios y que los hombres pueden usarla sin referencia al Creador… Pero la criatura sin el Creador desaparece… Más aún, por el olvido de Dios la propia criatura queda oscurecida» (GS 36c)[20].

Se trata, ciertamente, de una libertad que el laico debe ejercer en tanto que cristiano, y dentro de los criterios que son ya ley en la Iglesia. El reconocimiento de ese derecho, tanto en el c. 227 como en el c. 225 § 2, constituye al mismo tiempo una declaración de la incompetencia de la Iglesia para regular los detalles de las soluciones concretas para las cuestiones temporales de libre opinión. Del mismo modo que el laico, según la disposición del c. 227, no puede servirse de la Iglesia para mezclarla en facciones humanas, las personas constituidas en autori-

---

20   En este sentido también se manifestaba un documento reciente: «La fe y la ciencia se pueden unir en la caridad si la ciencia se pone al servicio de los hombres y de las mujeres de nuestro tiempo, y no se distorsiona para perjudicarlos o incluso para destruirlos» (DDF ET ALII, Nota *Antiqua et nova*, 28-I-2025, n. 37, nt. 72).

dad deben abstenerse de actuar en nombre de la Iglesia en cuestiones opinables (cf. *Catecismo*, 2442). El Evangelio y la doctrina de la Iglesia, en particular el *corpus* de su doctrina social, constituyen sin duda guías seguras, pero no respuestas precisas a cuestiones de orden científico, social, cultural, político, etc. La libertad del laico en esos terrenos es fundamental para su participación en la misión salvífica de la Iglesia. Cuando no se respeta ese derecho a la libertad del laico en esas cuestiones, gana terreno el clericalismo[21].

Mantener la comunión eclesial (cf. cc. 205 y 209) y la obediencia al magisterio son obligaciones universales (cf. cc. 212 y 227). Este doble aspecto de la *communio hierarchica* no puede ser conservado más que si se es plenamente fiel, es decir, si se conservan los vínculos de la profesión de fe, de los sacramentos y del gobierno eclesiástico (cf. c. 205). Así pues, si el laico, al ejercer su libertad en el marco de la ciudad terrena, fuera en contra de la triple dimensión de la comunión —es decir: fe, sacramentos y régimen eclesiástico— entonces estaría infringiendo la obligación que le impone el c. 209 § 1: «Los fieles están obligados a observar siempre la comunión con la Iglesia, incluso en su modo de obrar»; y obstaculizando de ese modo la obra salvífica de la Iglesia

La otra dimensión de la *communio hierarchica* es el deber de obediencia establecido en el c. 212 § 1, pero recogido también, —en relación con el magisterio de la Iglesia, en la medida en que establece las líneas directrices de la acción específica de los laicos— por el c. 227[22]. Este *deber* de obediencia comporta el cumplimiento de los mandatos establecidos por las vías legislativas apropiadas o también la aceptación

---

21 El Papa Francisco ha denunciado en muchas ocasiones esta deformación grave que se da con tanta frecuencia en el seno de la Iglesia: cf., por ejemplo, *Evangelii gaudium*, 102; o *Carta al Cardenal Ouellet* (19-III-2016).

22 Que se complementa perfectamente con el c. 747 § 2, cuando afirma: «Compete siempre y en todo lugar a la Iglesia proclamar los principios morales, incluso los referentes al orden social, así como dar su juicio sobre cualesquiera asuntos humanos, en la medida en que lo exijan los derechos fundamentales de la persona humana o la salvación de las almas».

de las enseñanzas más importantes —teniendo siempre en cuenta el grado de obligatoriedad del magisterio—. Conviene señalar que el laico, como los demás fieles, tiene necesidad de conocer el magisterio de la Iglesia, teniendo en cuenta sus diferentes grados de obligatoriedad para poder someterse a él (cf. cc. 750 y 752).

Podemos concluir diciendo que, como sucede en toda circunstancia, la libertad no puede ser separada de la responsabilidad. Así, los laicos, en sus actuaciones libres y responsables en el orden temporal, «deben dejarse guiar por la conciencia cristiana, puesto que ninguna actividad humana, ni siquiera en asuntos temporales, puede sustraerse a la autoridad de Dios» (LG 36d; cf. GS 43). El deber de apostolado, íntimamente unido a la llamada universal a la santidad, conduce a esa unidad de vida, que hace del laico un testigo de Cristo en las realidades temporales. Su libertad en las acciones terrenas debe ser siempre garantizada, pero su responsabilidad como cristiano, su obligación de santificar el mundo corre pareja con esa libertad (cf. LG 39)[23].

D. PARTICIPACIÓN DE LOS LAICOS EN LA MISIÓN REAL DE CRISTO (C. 228)

Como afirma la mencionada Exhortación *Christifideles laici*, «la misión salvífica de la Iglesia en el mundo es llevada a cabo no sólo por los ministros sagrados en virtud del sacramento del orden, sino también por todos los fieles laicos; pues éstos, en virtud de su condición bautismal y de su específica vocación, participan en el oficio sacerdotal, profético y real de Jesucristo, cada uno en su propia medida» (n. 23). Los tres cánones que vienen a continuación —cc. 228, 229 y 230— forman un conjunto particular dentro de la reflexión que el Código dedica a los laicos, pues tratan de diseccionar la participación de los laicos en los *tria munera Christi*. Así, el c. 228 nos habla de la cooperación de los laicos en el ejercicio del *munus regendi*; el c. 229 trataría de la aportación de

---

23   Cf. E. CAPARROS, «Comentario al c. 227», en: *Comentario exegético al CDC*, II, 187.

los laicos al *munus docendi*; y el c. 230, por último, de la participación **67**
de los laicos en el *munus sanctificandi*.

§ 1. Los laicos que sean considerados idóneos ['idonei repe-
riantur'], tienen capacidad ['habiles sunt'] para aceptar de los
sagrados pastores aquellos oficios eclesiásticos y tareas ['ab
illa officia ecclesiastica et munera'] que pueden llevar a cabo
según las prescripciones del derecho.

Este c. 228 § 1 establece que los laicos que tengan capacidad suficiente —«*habiles sunt*»— pueden ser admitidos por los sagrados pastores
a oficios y cargos eclesiásticos. El § 2 contempla también la capacidad de
los laicos —«*habiles sunt*»— para actuar como peritos o consejeros de los
pastores de la Iglesia, teniendo en cuenta su ciencia, prudencia y honestidad;
y siempre, claro está, *ad normam iuris*. No se trata de un derecho que les
corresponda, sino precisamente de una capacidad —«*habiles sunt*»— que
posee el laico idóneo y competente en un terreno determinado. No nos
hallamos aquí ante un derecho o ante un deber general, sino más bien ante
una situación que concierne a un número exiguo de laicos.

El derecho canónico reconoce, pues, en principio, la capacidad de
los laicos para cooperar en las tres funciones que constituyen la esencia
del ministerio episcopal (cf. *Catecismo*, 901-913). Prevé también los
aspectos específicos, oficios o funciones, que el obispo podrá confiar a
laicos. Por otra parte, aun siendo conscientes de que la distinción entre
los *tria munera* no permite una separación absoluta, a causa de su íntima
interrelación, nos parece que este c. 228 tiene que ver principalmente
con el ejercicio del *munus regendi*.

Debemos recordar que, mientras que el CIC 1917 no permitía
el ejercicio de la *potestas iurisdictionis* [o *potestas regiminis*] más que
a los clérigos (cf. c. 118)[24], el Concilio en primer lugar (cf. LG 33c), la

---

24   En concreto el c. 118 afirmaba: «Solamente los clérigos pueden obtener la potes-
     tad —ya de orden, ya de jurisdicción eclesiástica— así como beneficios y pensiones

EL FIEL LAICO, SUJETO DE DERECHOS Y OBLIGACIONES

legislación postconciliar después y finalmente el Código (cf. cc. 129 § 2 y 149), han pasado a considerar el *munus regendi* como una función cuyo ejercicio puede corresponder, según las modalidades específicamente reguladas, a los miembros laicos del pueblo de Dios.

El c. 129 expresa la solución del CIC 1983 al problema de los titulares de la potestad de régimen. Esta disposición pretende dar una respuesta práctica a un problema mucho más profundo, debatido por los autores, especialmente tras la celebración del Concilio Vaticano II. El problema consiste en determinar con la suficiente precisión las relaciones entre sacerdocio —común y ministerial— y poder en la Iglesia. De él depende la cuestión de los sujetos de la jurisdicción eclesiástica. Lo que se busca es expresar el significado del sacramento del orden en relación con la transmisión y atribución de la potestad de régimen.

Tradicionalmente se distingue una doble vía de atribución de funciones públicas en la Iglesia: el sacramento del orden en sus diversos grados y la misión canónica. La vía sacramental (*potestas ordinis*) se refiere a la capacidad de producir en nombre de Cristo los efectos espirituales y santificadores vinculados con el orden sagrado[25]. Por otra parte, la misión canónica (colación de un oficio eclesiástico, delegación de la potestad) capacita, de acuerdo con las normas establecidas, para

---

eclesiásticas». El canon mencionado inauguraba el Título II, que se ocupaba de los derechos y privilegios de los clérigos. Los derechos de los clérigos son facultades especiales que les competen por razón de su estado, entre las que podemos destacar las siguientes: potestad de orden y de jurisdicción y facultad para obtener beneficios y pensiones eclesiásticas. Por derecho *extraordinario*, pueden también los laicos obtener jurisdicción, beneficios y pensiones eclesiásticas.

25 La bibliografía sobre esta cuestión es muy abundante, recordamos algunos trabajos más significativos, defensores de esta primera postura: A. CELEGHIN, *Origine e natura della potestà sacra* (Morcelliana, Brescia 1978); A. CARRASCO ROUCO, *Le primat de l'Évêque de Rome. Étude sur la cohérence ecclésiologique et canonique du primat de juridiction* (Ed. Universitaires, Fribourg 1990); L. VILLEMIN, *Pouvoir d'ordre et pouvoir de juridiction: histoire théologique de leur distinction* (Du Cerf, París 2003).

el gobierno social de la Iglesia (*potestas iurisdictionis*)[26]. Esta distinción está implícita en la NEP 2.

El problema consiste propiamente en determinar en qué medida la ordenación sagrada es necesaria o suficiente para la titularidad y ejercicio de la potestad de régimen y, paralelamente, cuál es el alcance de la misión canónica —que emana de la intervención de la autoridad eclesiástica— en la transmisión de la potestad. Se trata de una cuestión compleja por la diversidad y amplitud de los aspectos históricos, teológicos y canónicos que están relacionados con ella. Desde el punto de vista práctico uno de los problemas que deben resolverse en este contexto es la posibilidad y alcance del ejercicio de la jurisdicción por parte de los laicos, entendidos aquí como aquellos fieles que no han recibido el sacramento del orden (cf. c. 207 § 1)[27].

El Código ofrece una respuesta jurídica muy matizada a esta cuestión. El *munus regendi* del pastor de la Iglesia local está vinculado al sacramento del orden en su grado supremo, el episcopado (cf. cc. 331 y 391). Los oficios que comportan la *plena animarum cura* exigen el orden del presbiterado, por lo que no podrá ejercerlos el clérigo que no sea presbítero (cf. cc. 150; 521 § 1; 546).

Así pues, la exigencia del presbiterado o del episcopado prescrita en el ordenamiento canónico, aporta al c. 129 § 1 las precisiones oportunas: en primer lugar, la capacidad de los clérigos —«*habiles sunt*»—

---

26 En este sentido afirma G. Ghirlanda: «Cuanto se afirma en el art. 15 de la Const. *Praedicate Evangelium* es muy importante porque dirime la cuestión de la capacidad de los laicos para recibir oficios que comportan el ejercicio de la potestad de gobierno en la Iglesia —siempre que no requieran la recepción del orden sagrado, claro está—. Con lo cual afirma indirectamente que la potestad de gobierno en la Iglesia no viene del sacramento del orden sino de la misión canónica, pues de otro modo no sería posible lo que se prevé en la propia Constitución apostólica mencionada» («Líneas inspiradoras de la Const. ap. *Praedicate Evangelium*», en: C. Peña et alii (ed.), *El derecho canónico en una Iglesia sinodal*, Dykinson, Madrid 2023, 39-40). Cf. también R. Interlandi, *Chierici e laici soggetti della potestà di governo nella Chiesa: lettura del can. 129* (GBP, Roma 2018).

27 Cf. A. Viana, «Comentario al c. 129», en: *Comentario exegético al CDC*, I, 842.

para ejercer oficios eclesiásticos no es absoluta; por otra parte, el c. 129 § 1 indica que esa capacidad depende de las condiciones fijadas por el derecho. Además, el c. 129 § 2 dispone que los fieles laicos «*cooperari possunt*» en el ejercicio de la potestad de régimen, también según las prescripciones del derecho. Evidentemente, cuando el Código exige la potestad de orden para el ejercicio de un oficio, los laicos quedan lógicamente excluidos. Por lo demás, el Código exige con carácter general que, para ser promovido a un oficio, el candidato sea idóneo y que se encuentre en comunión con la Iglesia (cf. c. 149 § 1).

Así pues, la lectura conjunta de los cc. 129 § 2 y 149 § 1 lleva a afirmar que los *munera* sacramentales, recibidos en el sacramento del bautismo, pueden permitir a los laicos ejercer oficios eclesiásticos y participar de ese modo en el ejercicio del *munus regendi*. Pero será preciso respetar siempre la constitución jerárquica de la Iglesia, que no puede permitir a los laicos arrogarse una facultad de control fuera de sus posibilidades o la intrusión en los cometidos propios de la jerarquía.

> § 2. Los laicos que se distingan por su adecuada ciencia, prudencia y honestidad tienen capacidad ['habiles sunt'] para ayudar a los pastores de la Iglesia como peritos o consejeros ['tamquam periti aut consiliarii'], y también para formar parte de consejos, según las normas correspondientes.

En el Código se contemplan múltiples casos que prevén la posibilidad de que fieles laicos sean llamados a cooperar con el obispo diocesano en el ejercicio de su *munus regendi*. Casos que, fundamentalmente, pueden reagruparse en dos apartados: la participación en organismos colegiales y el ejercicio de determinados oficios.

a) Participación en organismos colegiales.

En el ámbito diocesano, el Código exige que haya laicos que formen parte del sínodo diocesano (cf. c. 463 § 1, 5° y § 2) y del consejo pastoral diocesano (cf. c. 512). En el ámbito parroquial, normalmente

deberá haber laicos que formen parte del consejo pastoral, allá donde
exista. Sin embargo, el Código no precisa los criterios que deberán se-
guirse para escogerlos o elegirlos, dejando los detalles concretos de la
composición de ese consejo, así como de la elección de sus miembros, a
las normas legislativas diocesanas (cf. c. 536). Lo mismo se puede decir
del consejo de asuntos económicos de la parroquia (cf. c. 537). Como
afirma uno de los artículos de la mencionada Instrucción *Ecclesiae de
mysterio*, los fieles no ordenados que forman parte del consejo pastoral
y del consejo parroquial para asuntos económicos «gozan únicamente
de voto consultivo y no pueden, de ningún modo, convertirse en organismos deliberativos» (art. 5 § 2)[28].

b) Ejercicio de determinados oficios por parte de los laicos.

En este terreno el Código ha abierto la posibilidad de que haya
laicos que ejerzan oficios en la curia diocesana, y ha incorporado funciones que pueden desempeñar en los tribunales.

En efecto, ya no se requiere que el canciller, el vicecanciller y los
notarios sean clérigos, aunque el Código exige el carácter sacerdotal
para los notarios que intervengan en un proceso en que esté en causa
el buen nombre de un sacerdote (cf. cc. 482-483). Además, el Código
impone el nombramiento de un ecónomo diocesano que, además de
honesto, debe ser un verdadero experto en la materia (cf. cc. 494 § 1;
1278). Se tratará, pues, de elegir a la persona más idónea, sea clérigo

---

28 Como se advierte en alguna de las ponencias con motivo del Tercer Sínodo Diocesano
de Madrid, «algunos fieles laicos son llamados a participar en la dimensión real de la
vida y la misión de la Iglesia como miembros de los diferentes consejos —parroquiales,
arciprestales o diocesanos—. No es adecuado comprender estos organismos como
formas de articulación o reparto de poder, fuera del horizonte de la comunión. Ello
falsearía su sentido real y su dinámica propia, que no busca el poder, sino dar la
forma y los pasos adecuados a la vida de la Iglesia en las circunstancias concretas…
Los consejos llegan a servir realmente a la construcción de la comunidad cristiana
cuando responden a su naturaleza de encuentro, testimonio y servicio mutuo en el
horizonte de la comunión eclesial» (A. Carrasco Rouco, «Cómo vivir la comunión en
la Iglesia», en: *Tercer Sínodo Diocesano*, Madrid 2007, 526 y 528).

o laico, teniendo en cuenta que deberá someterse a las exigencias de los cc. 1282-1283.

En los tribunales eclesiásticos los laicos podrán ejercer otras funciones. Pueden, siempre que la conferencia episcopal lo permita, ser uno de los jueces en un tribunal colegial (cf. c. 1421 § 2); además, un laico puede ser nombrado juez auditor (cf. c. 1428 §§ 1-2) o asesor de un juez único (cf. c. 1424). También pueden ser laicos quienes desempeñen las funciones de defensor del vínculo y promotor de justicia (cf. c. 1435).

El cambio fundamental introducido por el Código en este terreno, aparte de los oficios que acabamos de mencionar, reside en el hecho de que todas esas funciones pueden ser desempañadas por laicos varones o mujeres. Ciertamente, en cada uno de los casos, la persona de que se trate deberá poseer la competencia necesaria en derecho canónico, además de las cualidades humanas necesarias (cf. cc. 1421 § 3, 1424, 1428 § 2 y 1435)[29].

No es suficiente con la participación de los bautizados en estos procesos decisionales, es necesario estar atentos a los peligros que pueden rodear esta participación, entre ellos el peligro del formalismo. El Papa Francisco, en el *Documento final* de la última Asamblea sinodal[30], nos pone en guardia frente a esta tentación:

> Una Iglesia sinodal se basa en la existencia, eficiencia y vitalidad efectiva, y no meramente nominal, de estos órganos de participación, así como en su funcionamiento conforme a las disposiciones canónicas o a la costumbre legítima, y en el cumplimiento de los estatutos y reglamentos que los rigen; por esta razón, deberían ser obligatorios… y poder desempeñar plenamente su papel, no de manera puramente formal, sino de forma adecuada a los diferentes contextos locales.

---

29   Cf. Congr. para el Clero et aliae, Instr. *Ecclesiae de mysterio* (15-VIII-1997) n. 4; E. Caparros, «Comentario al c. 228», en: *Comentario exegético al CDC*, II, 192.

30   *Por una Iglesia sinodal: comunión, participación, misión. Documento final* (26-X-2024) 104.

Este canon, ante todo, reconoce al laico un derecho-deber que le permite adquirir la formación doctrinal requerida para poder vivir plenamente su vocación cristiana (§ 1). En el segundo parágrafo, al contemplar su acceso a universidades y facultades eclesiásticas, se concede al laico el derecho a adquirir un conocimiento más profundo de las ciencias sagradas (§ 2) y consecuencia de este derecho-deber es también el derecho fundamental reconocido al laico de poder enseñar las ciencias sagradas una vez que haya adquirido la formación necesaria para hacerlo (§ 3).

> § 1. Para que puedan vivir según la doctrina cristiana, pro-
> clamarla y, si fuera necesario, defenderla, además de poder
> ejercer la parte que les corresponde en el apostolado, los laicos
> tienen el deber y el derecho de adquirir el conocimiento de
> dicha doctrina ['obligatione tenentur et iure gaudent acquirendi
> eiusdem doctrinae cognitionem'], de acuerdo con la capacidad
> y condición de cada uno.

La vocación a la santidad y al apostolado impone a los laicos el deber de adquirir la formación pertinente, pues sin ella no podrían perseverar en su afán de santidad ni ejercer el apostolado. Al menos en su dimensión humana, la obligación de adquirir formación se impone al laico con la misma fuerza que las que conciernen a la santidad y al apostolado. Se trata, pues, de un deber moral.

Sin embargo, jurídicamente nos encontramos ante un derecho fundamental del fiel, puesto que el § 1 de este canon no hace más que aplicar específicamente la norma del c. 217: «Los fieles... tienen derecho a una educación cristiana por la que se les instruya convenientemente en orden... a conocer y vivir el misterio de la salvación». Se trata, hablando con propiedad, de un derecho, ya que la formación nos es transmitida. Así pues, el deber moral se transforma en algo debido al fiel. Se le debe la formación, y esta deuda recae sobre las personas que tienen en la Iglesia funciones de formación: ante todo, los padres, primeros educadores en la fe (cf. c. 226 § 2); pero también la escuela y otras instituciones de enseñanza, así como las diferentes instancias de la organización eclesiástica.

El deber moral, es decir, la obligación del laico de recibir la formación, no es exigible de manera general, aunque pueda serlo en ciertas circunstancias, como por ejemplo: cuando se requiere una competencia específica para el ejercicio de una determinada función (cf. c. 231 § 1) o cuando se exige un conocimiento más completo antes de recibir un sacramento (cf. c. 1063, 2°).

> § 2. [Los laicos] tienen también el derecho a adquirir un conocimiento más profundo de las ciencias sagradas, que se imparte en las universidades, facultades eclesiásticas o institutos de ciencias religiosas, asistiendo a sus clases y obteniendo grados académicos.

El § 2 de este canon recoge un derecho que *ex natura rei* quizá no habría sido necesario explicitar. Parece evidente que si el laico tiene el deber moral de adquirir la formación, apropiada «a la capacidad y condición de cada uno» (§ 1), resulta imposible jurídicamente cerrarle el paso a los estudios superiores en las ciencias sagradas.

Como el papa Francisco ha subrayado más de una vez, «la tarea urgente de nuestro tiempo consiste en que todo el pueblo de Dios, bajo la acción del Espíritu Santo, se prepare a emprender una nueva etapa de evangelización». Lo cual requiere un proceso de discernimiento, purificación y reforma; y en este proceso, la renovación adecuada del sistema de los estudios eclesiásticos está llamada a jugar un papel estratégico. Presbíteros, consagrados y laicos comprometidos deben adquirir una formación cualificada «que permita a la Iglesia ejercer una interpretación performativa de la realidad a partir del acontecimiento de Jesucristo» y

> § 3. Ateniéndose a las prescripciones establecidas sobre la
> idoneidad necesaria, [los laicos] tienen también la capacidad
> ['habiles sunt'] para recibir de la legítima autoridad eclesiástica
> el mandato ['mandatum'] para enseñar ciencias sagradas.

Paralelamente al derecho de los laicos a adquirir conocimientos profundos en ciencias sagradas, el § 3 de este canon establece la capacidad de esos laicos para *enseñar esas ciencias* y para recibir el mandato de la autoridad eclesiástica a esos efectos. Aunque el § 3 usa la expresión «*habiles sunt*», hay que subrayar que, en cuanto a la enseñanza de las ciencias sagradas, se trata de un derecho fundamental del laico competente en esas materias. Para enseñar, por tanto, ciencias sagradas en las universidades católicas o eclesiásticas no basta con la preparación profesional y la moralidad de vida del profesor —que, por lo demás, son presupuestos ineludibles— sino que se requiere además un acto administrativo de la autoridad eclesiástica por el que se confiere tal encargo. Este acto oficializa las obligaciones deontológicas que tal encargo lleva consigo y, por ende, las hace más eficaces, también ante el derecho del Estado.

Más allá de la poca claridad y coherencia terminológica de la normativa canónica en este sector[32], se puede afirmar de todos modos que el *mandatum* no es otra cosa que una confirmación previa al ejercicio de la enseñanza, con la que no se confiere ningún derecho particular al profesor en cuestión, aunque se atestiguan positiva y públicamente dos cosas: en primer lugar, que el profesor está en comunión con la

---

31   Cf. Francisco, Const. ap. *Veritatis gaudium* (8-XII-2017), *Proemium*, n. 3.

32   Entre otras dificultades para entender adecuadamente este § 3 estaría la de distinguir con precisión entre *missio* y *mandantum*, que pueden llegar a confundirse con facilidad. Sobre esta cuestión, cf. P. de Pooter, «Mandato de enseñar», en: *DGDC*, V, 261-264; N. Lüdecke, «Missio canonica», en: *DGDC*, V, 437-441.

Iglesia católica y enseña, por consiguiente, como católico; y en segundo lugar, que la doctrina propuesta por el profesor está de acuerdo con el magisterio eclesiástico. Lo que ha sido recordado por la Constitución apostólica *Veritatis gaudium*, en uno de sus párrafos: «Los que enseñan materias concernientes a la fe y costumbres, deben recibir la misión canónica del Gran Canciller o de su delegado, después de haber hecho la profesión de fe (cf. c. 833, 7°), ya que no enseñan con autoridad propia sino en virtud de la misión recibida de la Iglesia. Los demás profesores deben recibir el permiso para enseñar del Gran Canciller o de su delegado» (art. 27 § 1).

Estos aspectos han de ser armonizados con «la justa libertad para investigar» de que goza el teólogo y el derecho «a manifestar prudentemente su opinión sobre aquello que es experto»[33].

F. Participación de los laicos en la misión sacerdotal de Cristo (C. 230)

A partir de la diferencia esencial y no solo de grado entre el sacerdocio común de los fieles y el sacerdocio ministerial o jerárquico (cf. LG 10), que introduce la distinción entre ministerio ordenado, conferido solo a través del sacramento del orden, y ministerios no ordenados, que tienen su origen en el bautismo, se entiende la colaboración de los laicos en el ministerio pastoral (cf. *Ecclesiae de mysterio*, arts. 1-4).

Los laicos que cooperan en el *munus sanctificandi* pueden dividirse en tres grupos: a) los que reciben un ministerio estable; b) los que son llamados a cumplir temporalmente ciertas funciones; y c) los

---

33 Canon 218: «Quienes se dedican ["incumbunt"] a las ciencias sagradas gozan de una justa libertad ["iusta libertate fruuntur"] para investigar ["inquirendi"] y manifestar ["aperiendi"] prudentemente su opinión ["mentem suam"] sobre todo aquello en lo que son expertos ["in quibus peritia gaudent"], guardando el debido asentimiento ["servato debito obsequio"] al magisterio de la Iglesia». Para una mejor comprensión del contenido de esta problemática, cf. CDF, Instr. *Donum veritatis* (24-V-1990), sobre la vocación eclesial del teólogo, especialmente el cap. IV, "Magisterio y teología" (nn. 21-41).

ministros extraordinarios, es decir, los que pueden suplir a los clérigos en caso de necesidad.

> § 1. Los [~~varones~~] laicos que tengan la edad y condiciones determinadas por el [correspondiente] decreto de la conferencia episcopal, pueden ser llamados, mediante el rito litúrgico prescrito, para el ministerio estable ['stabiliter'] de lector y acólito ['lectoris et acolythi']. Sin embargo, la atribución de dichos ministerios no les dará derecho a ser sustentados o remunerados por parte de la Iglesia.

En este c. 230 § 1 se presentan los *ministerios estables* de lector y acólito que, según el M. p. *Ministeria quaedam* (15-VIII-1972) de Pablo VI, fueron instituidos como ministerios laicales, y que pueden ser conferidos por el ordinario, a través del rito litúrgico correspondiente, tanto a hombres como a mujeres[34]. Los candidatos para recibir estos ministerios han de tener la edad y las dotes determinadas por la conferencia episcopal correspondiente (cf. c. 230 § 1). En este sentido, y por lo que se refiere a España, «los candidatos al ministerio estable de lector y acólito, además de haber cumplido la edad de 25 años, han de destacar por su vida cristiana y estar debidamente formados»[35].

---

34 Cf. Francesco, M. p. *Spiritus Domini* (10-I-2021), sobre la modificación del c. 230 § 1 del CIC y el acceso de las personas de sexo femenino al ministerio instituido de lectorado y acolitado. Comentando este Motu proprio afirma el Papa Francisco: «Es bien sabido que el M. p. *Ministeria quaedam* reservaba solo a los hombres la institución de acólito y lector y, en consecuencia, así lo establecía el c. 230 § 1 del CIC. Sin embargo, en los últimos tiempos y en muchos contextos eclesiales se ha señalado que la disolución de esa reserva podría contribuir a una mayor manifestación de la dignidad bautismal común de los miembros del pueblo de Dios» (*Carta a la CDF sobre el acceso de las mujeres a los ministerios de lectorado y acolitado*, 10 enero 2021).

35 CEE, «II Decreto General sobre normas complementarias al CIC» (25-VII-1985) art. 1, en: *BOCEE* 6, 1985, 61-65. La mención a los «varones laicos» en este Decreto general, obviamente, debe ser cambiada.

ANTONIO CIUDAD ALBERTOS

Los ministerios de lector y acólito, que todo obispo debe promover en su diócesis, procurando la adecuada formación a quienes los reciben[36], no se limitan al ámbito litúrgico, sino que pueden extenderse también al extralitúrgico. Así, el ministerio de lector comprende el anuncio de la palabra de Dios, la animación de la liturgia y la preparación de los fieles a los sacramentos (cf. *Ministeria quaedam*, V). El ministerio de acólito, por su parte, comprende el servicio al altar y la distribución de la comunión (cf. c. 910 § 2); en circunstancias particulares el acólito es también ministro extraordinario de la exposición y de la reserva del santísimo sacramento, pero sin dar la bendición (cf. *Ministeria quaedam*, VI; c. 943).

El M. p. *Ministeria quaedam* permitía a las conferencias episcopales, con la aprobación de la Santa Sede, la institución de otros ministerios que se juzgasen necesarios o útiles en la propia región, como, por ejemplo, los de ostiario, exorcista, catequista u otros ministerios dirigidos a obras de caridad que no estuvieran ya confiados a los diáconos (cf. *Ministeria quaedam*, Proemium)[37]. Los padres sinodales reunidos en el Sínodo de Obispos de 1987 expresaron el deseo de que el M. p. *Ministeria quaedam* se revisase teniendo en cuenta el uso de las Iglesias locales y sobre todo indicando los criterios según los cuales hay que elegir a los destinatarios de cada ministerio (cf. ChL 23). Esta sugerencia ha sido el punto de partida para que el Papa Francisco, mediante el M. p. *Antiquum ministerium* (10-V-2021), instituyera como ministerio estable laical el ministerio de catequista, al que pueden acceder tantos hombres

---

36 Cf. Congr. para los Obispos, Dir. *Apostolorum successores* (22-II-2004) 113.

37 También el Papa Francisco ha subrayado la conveniencia de no dar por cerrada la lista de ministerios laicales, y así en alguna de sus intervenciones, ha recordado como «el Espíritu llama también hoy a hombres y mujeres para que salgan al encuentro de todos los que esperan conocer la belleza, la bondad y la verdad de la fe cristiana», y frente a estas iniciativas, «los pastores deben apoyar este itinerario y enriquecer la vida de la comunidad cristiana con el reconocimiento de ministerios laicales capaces de contribuir a la transformación de la sociedad» (M. p. *Antiquum ministerium*, 5). Cf. en este mismo sentido: ChL 41; EG 102.

como mujeres[38]. En él se establece que las conferencias episcopales deben hacer efectivo este ministerio, estableciendo el necesario itinerario de formación y los criterios normativos para acceder a él, encontrando las formas más coherentes para el servicio que ellos estarán llamados a realizar (cf. *Antiquum ministerium*, 8-11)[39]. Según las necesidades de la Iglesia local, podemos encontrar dos tipos de catequistas: aquellos que tienen como tarea fundamental la catequesis y aquellos que tienen una tarea más amplia: la de participar en diferentes formas de apostolado, bajo la guía de los ministros ordenados (cf. *Antiquum ministerium*, 6).

El mismo c. 230 § 1 establece que la colación de estos ministerios no da derecho a ningún sustento o remuneración por parte de la Iglesia, a pesar del carácter de estabilidad que tienen.

> § 2. Por un cierto tiempo ['ex temporanea deputatione'], los laicos pueden desempeñar la función de lector ['lectoris'] en las celebraciones litúrgicas, así como las de comentador ['commentatoris'] [monitor], cantor ['cantoris'] u otras diferentes ['aliisve'], a tenor de la norma del derecho.

Respecto a los "ministerios temporales" («*ex temporanea deputatione*»), el c. 230 § 2 prevé que los laicos, hombres o mujeres, puedan cumplir en las ceremonias litúrgicas "funciones temporales", como las de lector, comentador [monitor], cantor, así como otras funciones que

---

38 En este sentido, el Motu proprio que estamos estudiando afirma: «Sin ningún menoscabo a la misión propia del obispo, que es la de ser el primer catequista en su diócesis junto al presbiterio, con el que comparte la misma cura pastoral, y a la particular responsabilidad de los padres respecto a la formación cristiana de sus hijos (cf. c. 774 § 2), es necesario reconocer la presencia de laicos y laicas que, en virtud del propio bautismo, se sienten llamados a colaborar en el servicio de la catequesis (cf. c. 225)» (M. p. *Antiquum ministerium*, 5).

39 A partir del M. p. *Spiritus Domini* (11-I-2021) y del M. p. *Antiquum ministerium* (10-V-2021), la Conferencia Episcopal Española ha publicado las *Orientaciones sobre la institución de los ministerios de lector, acólito y catequista* (EDICE, Madrid 2023). *Ad experimentum* por cinco años.

deberían ser *eiusdem generis*. (cf. *Ecclesiae de mysterio*, art. 8). Esta disposición parece contemplar funciones en las ceremonias litúrgicas que pueden ser confiadas de modo regular a laicos con carácter opcional, sin que su institución requiera un rito litúrgico. Una interpretación auténtica de este parágrafo establece que entre esas «funciones temporales se puede incluir el servicio al altar», respetando siempre las decisiones que, por razones locales, los obispos puedan adoptar[40].

> § 3. Donde lo aconseje la necesidad de la Iglesia ['ubi Ecclesiae necessitas id suadet'], en ausencia de ministros ['deficientibus ministris'], pueden también los laicos, aunque no sean lectores ni acólitos, suplirles en algunas de sus tareas ['quaedam eorundem officia supplere']: como ejercitar el ministerio de la palabra, presidir las oraciones litúrgicas, administrar el bautismo y dar la sagrada comunión —según las prescripciones del derecho—.

La última categoría está representada por los "ministerios extraordinarios" (cf. c. 230 § 3). En caso de necesidad, si faltan los ministros[41], los laicos —aunque nos sean lectores o acólitos— hombres o mujeres,

---

40 Tema que ya fue planteado al CPTL: «Si entre los servicios litúrgicos que a tenor del c. 230 § 2 del CIC pueden ejercer los laicos —sean varones o mujeres— puede enumerarse el servicio al altar». La respuesta fue: «Afirmativamente y según las instrucciones que habrá de dar la Sede Apostólica» (CPTL, *Interpretación auténtica del c. 230 § 2*, 11-VII-1992). Cf. también A. Mª Javierre Ortas, *Carta a los presidentes de las conferencias episcopales* (15-III-1994), sobre el servicio al altar de las mujeres; Congr. para el Culto Divino, Instr. *Redemptionis sacramentum* (25-III-2004) 47.

41 El § 3 del c. 230 contempla una "suplencia" de los laicos "en caso de necesidad" y siempre que no haya ministros, es decir, «ubi Ecclesiae necessitas id suadet, deficientibus ministris». Si no se dan conjuntamente ambas circunstancias, la intervención de los laicos constituye un acto gravemente ilícito. Los laicos no pueden arrogarse esa función de suplencia *motu proprio*, como nos lo recuerda la Instr. *Ecclesiae de mysterio*: «El fiel no ordenado puede asumir la denominación general de 'ministro extraordinario' solo si y cuando es llamado por la autoridad competente a cumplir —únicamente en función de suplencia— los encargos a los que se refiere el c. 230 § 3, además de los que aparecen en los cc. 943 y 1112» (art. 1 § 3).

mediante el correspondiente nombramiento del obispo diocesano, bien por un tiempo determinado o bien de manera estable, pueden suplirles en algunas de sus funciones. La lista de estas tareas o ministerios extraordinarios ha sido actualizada por el Directorio para el ministerio pastoral de los obispos, *Apostolorum successores*, n. 112[42]. En este número se muestran las tareas propias de los ministros sagrados que, en situación de carencia de sacerdotes y diáconos, el obispo podrá solicitar de los laicos: el ejercicio del ministerio de la predicación (cf. cc. 759 y 766); la presidencia de las celebraciones dominicales en ausencia de sacerdote[43]; el ministerio extraordinario de la administración de la comunión (cf. c. 910 § 2)[44]; la administración del bautismo (cf. c. 861 § 2); la presidencia de las celebraciones de las exequias (cf. *Ecclesiae de mysterio*, art. 12); y otras que podemos encontrar dispersas en diferentes normas de la Iglesia (cf. cc. 517 § 2 y 943). Estas tareas deberán realizarse según los ritos prescritos y según las normas de la ley universal y particular.

Los laicos pueden también, en la Iglesia latina, recibir delegación del obispo diocesano para asistir a matrimonios. Esta delegación, sin embargo, está sometida a condiciones bastantes estrictas. Así, además de la carencia de presbíteros o de diáconos, son necesarios el voto favorable de la conferencia episcopal y la autorización de la Santa Sede.

---

42 La lista de ministerios laicales que vamos a ofrecer a continuación se encuentra también en: Congr. para el Culto Divino, Instr. *Redemptionis sacramentum* (25-III-2004), sobre algunas cuestiones que se deben observar o evitar acerca de la Santísima Eucaristía, especialmente nn. 162-167.

43 Congr. para el Culto Divino, *Directorio para las celebraciones dominicales en ausencia del presbítero* (2-VI-1988).

44 Tema que ya fue debatido por el CPTL: «Si el ministro extraordinario de la sagrada comunión, designado a tenor de los cc. 910 § 2 y 230 § 3 puede ejercer su función supletoria incluso estando presentes en la Iglesia, aunque no participen en la celebración eucarística, ministros ordinarios que no estén impedidos de algún modo». La respuesta fue: «Negativamente» (CPTL, *Interpretación auténtica del c. 230 § 3*, 1-VI-1988). La Instr. *Ecclesiae de mysterio* advierte que «la disciplina canónica sobre el ministro extraordinario de la sagrada comunión debe ser, sin embargo, rectamente aplicada para no generar confusión» (art. 8 § 1).

Se debe elegir «un laico idóneo, capaz de instruir a los contrayentes y apto para celebrar debidamente la liturgia matrimonial» (c. 1112 § 2)[45].

Es en virtud del bautismo y de la confirmación y de los carismas recibidos como los laicos pueden ejercer estas funciones, las cuales no convierten a los laicos en pastores, pues para serlo es necesaria la ordenación sacramental —al menos presbiteral—. Las tareas ministeriales ejercidas por los laicos en calidad de suplentes tienen su legitimación, inmediata y formalmente, en el encargo oficial hecho por los pastores, y dependen, en su concreto ejercicio, de la dirección de la autoridad eclesiástica y del don recibido del Espíritu (cf. ChL 23).

Unas palabras del Directorio *Apostolorum successores* (n. 111)[46] sobre la colaboración de los laicos con la jerarquía eclesiástica pueden ayudarnos a cerrar este apartado:

> Todas estas formas de participación laical no son sólo posibles, sino también necesarias. Sin embargo, hay que evitar que los fieles tengan un interés poco razonable por los servicios y las tareas eclesiales —salvo las vocaciones especiales— que los podría alejar del ámbito secular: profesional, social, económico, cultural y político; ya que son éstos los campos de su responsabilidad específica, en los que su acción apostólica es insustituible.

G. FORMACIÓN Y RETRIBUCIÓN DE LOS LAICOS (C. 231)

> § 1. Los laicos que, de modo permanente o temporal, se dedican ['addicuntur'] a un servicio especial en la Iglesia tienen el deber de adquirir la formación necesaria para desempeñar bien

---

45 Sobre esta cuestión, cf. también *Ecclesiae de mysterio*, art. 10.

46 Este número del Dir. *Apostolorum successores* se inserta dentro del magisterio continuado de la Iglesia sobre esta cuestión: Exhort. ap. *Evangelii nuntiandi* (8-XII-1975) 70; Exhort. ap. *Christifideles laici* (30-XII-1988) 44.

su tarea ['munus'] y para poder ejercerla consciente, generosa
y diligentemente.

EL FIEL LAICO. SUJETO DE DERECHOS Y OBLIGACIONES

Los laicos de los que aquí se habla son aquellos a los que se refiere
el Decr. *Apostolicam actuositatem,* 22. Se trata de laicos que se dedican
con exclusividad, de modo permanente o por un tiempo señalado, a
misiones eclesiales o a obras apostólicas, como, por ejemplo, médicos
que colaboran con las misiones, dirigentes de asociaciones o instituciones apostólicas que se dedican a tiempo completo a ellas, es decir, los
laicos «que se dedican a un servicio especial de la Iglesia» (c. 231 § 1).
Los términos del canon conducen a establecer los criterios que permiten
precisar su alcance. En esos laicos deben converger dos condiciones: a)
una disponibilidad u ofrecimiento a la autoridad competente por parte
del laico a fin de ser incorporado a un servicio especial; y b) un compromiso efectivo, por la vía de una relación contractual de trabajo, en una
actividad que comporte una dedicación del laico a una tarea específica.

A nuestro juicio, la relación jurídica de trabajo no basta por sí sola.
Debe existir como *conditio sine qua non,* pero debe quedar integrada
en un contexto de disponibilidad hacia la jerarquía eclesiástica, que
procederá a la *dedicación* —«*addicuntur*»— del laico a la misión o a la
tarea específica. No basta tampoco la simple disponibilidad de carácter
benévolo, sin relación estable de trabajo. Se excluye de este canon el
vasto campo del trabajo benévolo o del voluntariado.

A ese laico, el Código le impone obligaciones en dos aspectos: en
la formación y en la ejecución de sus funciones. La obligación del laico
de adquirir la formación necesaria se transforma normalmente en un
derecho para él y, recíprocamente, en obligación para los dispensadores
de esa formación (cf. c. 229 § 1).

Otra obligación del laico es la de cumplir su encargo con prudencia y diligencia. La tradición del derecho civil codificado conoce bien
la noción del «buen padre de familia» o la de la «persona prudente y
diligente». Cuando el final del § 1 del canon impone a los laicos la obligación de cumplir su función «consciente, generosa y diligentemente»,

está recogiendo esta idea clásica, que aparece, además, en el c. 1284, «de obrar con la diligencia de un buen padre de familia»[47].

> § 2. Quedando firme lo que prescribe el c. 230 § 1, [los laicos] tienen derecho a una honesta retribución ['ad honestam remunerationem'] adecuada a su condición, con la que puedan proveer decentemente a sus propias necesidades y a las de su familia —respetando también las prescripciones de derecho civil—. Además, tienen también derecho a que se provea debidamente a su jubilación, seguridad social y a la así llamada asistencia sanitaria.

Como hemos visto en el anterior c. 230 § 1, el hecho de ser llamado a realizar el ministerio estable de acólito y lector «no da derecho a ser sustentados o remunerados por parte de la Iglesia». Sin embargo, el c. 231 § 2 impone, ciertamente, al organismo empleador la obligación de pagar al laico-empleado un "salario justo" y proporcionarle la asistencia social y médica. Este salario justo es el que tiene en cuenta «a la vez las necesidades y la contribución de cada uno» (*Catecismo*, 2434). «El trabajo debe ser remunerado de tal modo que se den a cada uno las posibilidades de que él y los suyos vivan dignamente su vida material, social, cultural y espiritual, teniendo en cuenta la tarea y productividad de cada uno, así como las condiciones de la empresa y el bien común» (GS 67).

Este mismo § 2 indica explícitamente que esos laicos «tienen derecho a que se provea debidamente a su jubilación, seguridad social y a la así llamada asistencia sanitaria». Se trata de un campo de gran

---

47 Partiendo de estas normas básicas, la Instr. *Ecclesiae de mysterio* afirma: «No pueden, por tanto, ser admitidos al ejercico de estas tareas aquellos católicos que no llevan una vida digna, no gozan de buena fama, o se encuentran en situaciones familiares no coherentes con la enseñanza moral de la Iglesia» (art. 13).

importancia, pero la obligación de organismo empleador a este respecto variará de un país a otro[48].
4. TUTELA JURÍDICA DE LOS DERECHOS DE LOS FIELES

En consonancia con el 6º Principio directivo para la revisión del Código[49], el c. 221 § 1 recoge el derecho de los fieles a invocar y defender legítimamente «los derechos que tienen en la Iglesia». Es decir, tanto los enumerados en los cc. 208-231, como los demás que les reconozca el Código, otra ley eclesiástica general, el derecho particular u otra fuente del ordenamiento. Este canon —c. 221—, en cuanto principio informador, impele a tratar de encontrar los medios jurídicos oportunos que permitan al fiel poder defender legítima y eficazmente sus propios derechos en todos los casos.

Si bien todo derecho debe ser garantizado en su ejercicio, los derechos fundamentales, por su naturaleza, exigen una particular tutela contra las posibles violaciones de otros fieles o de la autoridad pública.

Cuando estos cánones, que estamos comentando, formaban parte del esquema de la *Lex Ecclesiae Fundamentalis* el problema de su tutela jurídica estaba suficientemente garantizado: a) por parte de los tribunales ordinarios; b) por parte de los tribunales administrativos (cuya erección por parte del ordenamiento eclesial se daba por hecha); y c) mediante un eventual juicio de inconstitucionalidad que debería emitir un tribunal específico.

Este sistema de tutela fracasó en parte por la decisión del legislador de no publicar la *Lex Ecclesiae Fundamentalis* y de posponer la erección de los tribunales administrativos locales. De tal modo que los

---

48 Cf. E. CAPARROS, «Comentario al c. 231», en: *Comentario exegético al CDC*, II, 201-205.
49 Fueron diez los *Principios directivos* para la reforma del Código, fijados por la I Asamblea General del Sínodo de los Obispos de 1967. El Principio 6º afirmaba lo siguiente: «Tutela de los derechos de las personas»; y el 7º: «Procedimiento para tutelar los derechos subjetivos» (cf. *Comm* 1, 1969, 82-83).

cánones sobre los derechos fundamentales de los fieles fueron insertados como leyes ordinarias en el Código y su tutela jurídica se incorporó al sistema común previsto por las normas vigentes: los tribunales ordinarios, el recurso jerárquico. No es posible reclamar la invalidez de una ley o de un derecho general que se considerase lesivo de un derecho fundamental de los fieles, pero se subraya que existen límites precisos en el ejercicio de la potestad respecto a los derechos de los fieles.

No podemos excluir que, en un futuro, el sistema de tutela previsto por la Comisión de reforma del Código se pueda tomar en consideración, pero tenemos presentes las dificultades de naturaleza teológica y técnico-jurídica que indujeron al legislador a dejar de lado los dos proyectos mencionados: el de la *Lex Ecclesiae Fundamentalis* y el de los tribunales administrativos locales. La hipótesis de su revitalización parece en estos momentos bastante remota[50].

5. Corolario

Cuando la Constitución sobre la Iglesia termina de presentar el tema de los laicos [cf. LG 38], recomienda la lectura de la *Carta a Diogneto*. Estos dos capítulos de la Carta (V-VI) que presentamos, nos pueden ayudar a entender mejor el puesto de los laicos en la vida y la misión de la Iglesia:

> Los cristianos no se distinguen de los demás hombres ni por el lugar en que viven, ni por su lengua o costumbres. Ellos, en efecto, no tienen ciudades propias, ni utilizan una jerga particular, ni llevan un género de vida distinto. Su doctrina no es fruto del talento o la investigación de ningún genio humano, ni tampoco, como hacen los demás, siguen una corriente filosófica determinada.

---

50   GIDDC, *Corso istituzionale di diritto canonico* (Áncora, Milano 2005) 123-124.

Ahora bien, aun viviendo en ciudades griegas o bárbaras —según les cupo en suerte— y siguiendo las costumbres de los habitantes del país, tanto en el vestir como en el comer y en todo lo demás, son un ejemplo de vida social admirable o mejor —como todo el mundo dice— paradójico. Viven en su propia patria, pero como si fueran forasteros; participan en la vida pública como cualquier ciudadano, pero están distanciados de todo como si fueran extranjeros; cualquier nación es su patria y cualquier patria es para ellos una nación extranjera. Se casan como todos y tienen hijos, pero no se deshacen de los hijos que conciben. Comparten la mesa, pero no el lecho.

Viven en la carne, pero no según la carne. Habitan en la tierra, pero son ciudadanos del cielo. Obedecen las leyes establecidas, pero superan las leyes con su vida. Aman a todos y son perseguidos por todos. Se les condena sin conocerlos. Se les da muerte y con ello reciben ellos la vida. Son pobres que enriquecen a muchos; carecen de todo, aunque abundan en todo. Son despreciados y encuentran gloria en el desprecio. Son maldecidos y bendicen; se les injuria y ellos tratan a todos con respeto. Hacen el bien y son castigados como malhechores; pero, al ser castigados a muerte, se alegran como si entonces se les diera la vida. Los judíos los combaten como a enemigos suyos y los gentiles los persiguen, pero quienes los odian no saben explicar el motivo de su enemistad.

Para decirlo con pocas palabras: los cristianos son en el mundo lo que el alma es en el cuerpo. El alma, en efecto, se halla esparcida por todos los miembros del cuerpo; así también los cristianos se encuentran dispersos por todas las ciudades del mundo. El alma habita en el cuerpo, pero no procede del cuerpo; los cristianos viven en el mundo, pero no son del mundo. El alma invisible está encerrada en la cárcel del cuerpo visible; los cristianos viven visiblemente en el mundo, pero su religión es invisible. La carne aborrece y combate al alma, sin haber recibido de ella agravio alguno —sólo porque le impide disfrutar de los placeres—; también el mundo aborrece a los cristianos, sin haber recibido agravio de ellos —sólo porque se oponen a sus placeres—.

El alma ama al cuerpo y a sus miembros, a pesar de que éste la aborrece; también los cristianos aman a los que los odian. El alma está encerrada en el cuerpo, pero es ella la que mantiene unido el cuerpo; también los cristianos se hallan retenidos en el mundo como en una cárcel, pero son ellos los que mantienen la trabazón del mundo. El alma inmortal habita en una tienda mortal; también los cristianos viven como peregrinos en moradas corruptibles, mientras esperan la incorrupción celestial. El alma se perfecciona con la mortificación en el comer y beber; también los cristianos, constantemente mortificados, se multiplican más y más. Tan importante es el puesto que Dios les ha asignado, que no les es lícito desertar de él.

EL FIEL LAICO, SUJETO DE
LA MISIÓN ECLESIAL

Michele Taba

INSTITUTO SUPERIOR DE CIENCIAS RELIGIOSAS

1. LA CENTRALIDAD DE LA INICIACIÓN CRISTIANA EN LA DEFINICIÓN TEOLÓGICA DEL FIEL LAICO

Todos los autores concuerdan con que la doctrina del Concilio Vaticano II representó un giro fundamental en la valoración teológica y pastoral de la figura del laico. Y no solo porque, como nota Philips, «es la primera vez en la historia que un Concilio consagra un capítulo particular a los seglares»[1], sino sobre todo por la cualidad de su enseñanza eclesiológica que logró recuperar valores desde mucho tiempo olvidados en el pensamiento católico. En efecto, la sólida vuelta a las fuentes más autorizadas de la tradición católica permitió recuperar elementos fundamentales de la eclesiología antigua como la visión mistérico-sacramental, la noción de pueblo de Dios en su significado originario, la naturaleza misionera de la comunidad cristiana, el valor del sacerdocio común de los fieles, la llamada universal a la santidad, la eclesiología de comunión;

---

[1]   G. PHILIPS, *La Iglesia y su misterio en el Concilio Vaticano II* vol. 2 (Herder, Barcelona 1970) 13.

todos elementos presentes en el trasfondo de la tradición, pero dejados a parte a causa de las variadas circunstancias que la Iglesia tuvo que afrontar a lo largo de los siglos. Se abrió así el camino para un nuevo protagonismo de los laicos en la vida y la misión eclesiales.

Describamos brevemente los puntos clave de esta enseñanza tan preciosa. En primer lugar, y éste es sin duda el punto fundamental, el fiel laico deja de ser considerado como mero destinatario de la misión y se le reconoce plenamente como sujeto eclesial, partícipe *pro parte sua* de la vida y la misión de la Iglesia. En segundo lugar, dicha misión no tiene su fuente en la jerarquía, es decir no existe en virtud de un acto de delegación del ministerio apostólico como titular exclusivo de la evangelización, sino que hunde sus raíces en los sacramentos de la iniciación cristiana y la consecuente participación de todos los fieles en la misión de Cristo, sacerdote, rey y profeta: por el bautismo, la confirmación y la Eucaristía el fiel cristiano es constituido como miembro vivo del cuerpo de Cristo, viviendo su vida en el horizonte de la llamada a la perfección cristiana y de una misión específica. Por la misma razón la misión laical no se califica tampoco en términos de 'suplencia' (el laico es necesario solo donde los ministros no logran llegar). En tercer lugar, se especifica, abandonando una incorrecta perspectiva dualista (el clero ejerce su misión en la Iglesia y los laicos en el mundo) –de la que no estaban exentos los primeros grandes autores protagonistas de la renovación teológica de la teología del laicado– que «los laicos hechos partícipes del ministerio sacerdotal, profético y real de Cristo, cumplen su cometido en la misión de todo el pueblo de Dios en la Iglesia y en el mundo» (AA 2). Finalmente, se describe el elemento positivo que cualifica la misión propia de los laicos respecto de los demás estados y condiciones eclesiales: la índole secular. Los laicos participan de la misión eclesial desde una peculiar posición en el mundo que los demás actores eclesiales no tienen: al ser insertados plenamente en el entramado de las relaciones sociales están llamados a ser, desde allí, o desde dentro, como fermento que orienta hacia el Reino de Dios todas las realidades temporales.

En la etapa posconciliar, los autores han intentado profundizar la doctrina del Vaticano II siempre en la óptica de la valorización. En particular, se quiso poner más de manifiesto los rasgos positivos que identifican la misión específica del laico. Y eso porque los elementos teológicos introducidos por el Concilio (la identidad cristiana y la sola índole secular) se consideraban todavía insuficientes al respecto. En concreto, se afirmaba que la iniciación cristiana es, en realidad, una condición común a todos los cristianos: el simple ser cristiano (*christianus sine addito*), miembro del pueblo de Dios, parece algo descontado y pobre de espesor específico; y también la misma secularidad es un rasgo que, de alguna forma, pertenece a toda la Iglesia en cuanto que sujeto histórico, aunque algunos autores rechazaban está tesis insistiendo en el hecho de que el laico vive esta secularidad de forma específica y más plena[2]. De este modo, la definición positiva de la misión laical parecía todavía pobre: también los religiosos y los ministros están marcados por el don de la iniciación cristiana, pero su tarea específica es originada por un ulterior don del Espíritu Santo; para los primeros un don carismático y para los segundos un don jerárquico. Entonces, los autores se preguntan: ¿cuál es el don de gracia que origina peculiarmente la misión laical y que permite cualificarla positivamente?

En este breve espacio no podemos dar cuenta de todas las propuestas formuladas para contestar a esta fundamental pregunta; nos fijaremos en una de ellas –presentada primero por Y. Congar y sostenida después por algunos teólogos italianos como B. Forte y S. Dianich– que proponía abandonar el término laico como opuesto a la jerarquía y, a la vez, el término ministerio como opuesto al laicado, para explicar la diversidad de condiciones eclesiales a la luz de la ministerialidad general

---

2   Cf. G. Lazzati, "Secolarità e laicità. Le caratteristiche del laico nella Chiesa e per il mondo": *Il Regno Attualità* 30 (1985) 333-339.

del sujeto Iglesia[3]. Estos autores mueven sus pasos a partir del significado general del término *diakonía* en el Nuevo Testamento que indica genéricamente todo servicio que el fiel cristiano presta en favor del crecimiento de la Iglesia y del anuncio del Evangelio en el mundo. El texto paradigmático en este sentido es el de Efesios 4: «Y él ha constituido a unos, apóstoles, a otros, profetas, a otros, evangelistas, a otros, pastores y doctores, para el perfeccionamiento de los santos, en función de su *diakonía* (en latín *ministerium*), y para la edificación del cuerpo de Cristo» (Ef 4, 11-12). Por tanto, se propone considerar la categoría de ministerio en su sentido más general y sustituir la distinción jerarquía-laicado por el binomio comunidad-ministerios: en toda época la comunidad para cumplir la *diakonía* fundamental de la evangelización se ha articulado como cuerpo de Cristo mediante varios ministerios (*diakonías*). Desde esta perspectiva se concluye que, en una Iglesia totalmente ministerial[4], todo cristiano tiene su ministerio que para algunos es ministerio ordenado y para otros son ministerios laicales (o bautismales) de vario tipo. Se sostiene con insistencia que estos ministerios se visibilicen cada vez más en la estructura eclesial mediante su institucionalización, la cual permitirá identificar positivamente la figura del laico con un don de gracia especifico.

La tesis de la Iglesia totalmente ministerial en estos 50 años ha creado un debate vivaz en el seno de la Iglesia: en un primer momento suscitó la preocupación de teólogos y pastores en ocasión del Sínodo sobre los laicos de 1987[5]; para luego ser nuevamente usada en algunos

---

3   Cf. Y. Congar, *Ministères et communion ecclésiale* (Cerf, Paris 1971).

4   A propósito del origen del término 'Iglesia totalmente ministerial' Castellucci afirma: «El eslogan 'una Iglesia totalmente ministerial' fue acuñado y propuesto por la asamblea de los Obispos franceses en Lourdes en 1973 –en la cual Congar tuvo un papel importante– y desde allí su uso se extendió en todas partes, incluido en la Iglesia italiana», E. Castellucci, *La famiglia di Dio nel mondo. Manuale di ecclesiologia* (Cittadella, Assisi 2012) 579.

5   Estas preocupaciones encuentran un eco en la Exhortación Apostólica *Christifideles laici*: «En la misma Asamblea sinodal no han faltado, sin embargo, junto a los positivos, otros juicios críticos sobre el uso indiscriminado del término «ministerio», la

confusión y tal vez la igualación entre el sacerdocio común y el sacerdocio ministerial, la escasa observancia de ciertas leyes y normas eclesiásticas, la interpretación arbitraria del concepto de "suplencia", la tendencia a la "clericalización" de los fieles laicos y el riesgo de crear de hecho una estructura eclesial de servicio paralela a la fundada en el sacramento del Orden. Precisamente para superar estos peligros, los Padres sinodales han insistido en la necesidad de que se expresen con claridad —sirviéndose también de una terminología más precisa, tanto la unidad de misión de la Iglesia, en la que participan todos los bautizados, como la sustancial diversidad del ministerio de los pastores, que tiene su raíz en el sacramento del Orden, respecto de los otros ministerios, oficios y funciones eclesiales, que tienen su raíz en los sacramentos del Bautismo y de la Confirmación. Es necesario pues, en primer lugar, que los pastores, al reconocer y al conferir a los fieles laicos los varios ministerios, oficios y funciones, pongan el máximo cuidado en instruirles acerca de la raíz bautismal de estas tareas. Es necesario también que los pastores estén vigilantes para que se evite un fácil y abusivo recurso a presuntas «situaciones de emergencia» o de «necesaria suplencia», allí donde no se dan objetivamente o donde es posible remediarlo con una programación pastoral más racional», Juan Pablo II, *Christifideles Laici* 23.

6   «Resulta evidente la llamada a superar una visión que reserva sólo a los ministros ordenados (obispos, presbíteros, diáconos) toda función activa en la Iglesia, reduciendo la participación de los bautizados a una colaboración subordinada. Sin disminuir el aprecio por el don del sacramento del Orden, los ministerios se entienden desde una concepción ministerial de toda la Iglesia. Emerge una serena recepción del Concilio Vaticano II, con el reconocimiento de la dignidad bautismal como fundamento de la participación de todos en la vida de la Iglesia. La dignidad bautismal se vincula fácilmente al sacerdocio común como raíz de los ministerios bautismales, y se reafirma la necesaria relación entre el sacerdocio común y el sacerdocio ministerial, que están «ordenados el uno al otro, puesto que ambos, cada uno a su manera, participan del único sacerdocio de Cristo» (LG 10). b) Se subraya que el lugar más apropiado para hacer efectiva la participación de todos en el Sacerdocio de Cristo, capaz de valorar el ministerio ordenado en su peculiaridad y al mismo tiempo promover los ministerios bautismales en su variedad, es la Iglesia local, llamada a discernir qué carismas y ministerios son útiles para el bien de todos en un determinado contexto social, cultural y eclesial. Es necesario dar un nuevo impulso a la especial participación de los laicos en la evangelización en los diversos ámbitos de la vida social, cultural, económica y política, así como potenciar la aportación de los consagrados y consagradas, con sus diversos carismas, dentro de la vida de la Iglesia local. c) La experiencia de caminar juntos en la Iglesia local permite imaginar nuevos ministerios al servicio de una Iglesia sinodal. A menudo, refiriéndose al texto, a la visión y al lenguaje de la LG 10-12, las

nos la rechazan y otros la aprueban, pero en general todos subrayan algunos posibles riesgos. En primer lugar, el riesgo de introducir subyacentemente la idea que un laico sin ministerio sería una figura menor. Y, en segundo lugar, el riesgo de clericalización de los fieles laicos, ya que la palabra ministerio a lo largo de la historia ha perdido el sentido genérico de la *diakonía* neotestamentaria para indicar exclusivamente el ministerio ordenado, ministerio que además sería difícil de explicar en su especificidad en un contexto panministerial. Como afirma Castellucci:

> El eslogan 'una Iglesia toda ministerial' (…) si por un lado contribuyó a fomentar la conciencia de la 'corresponsabilidad' eclesial en el pueblo de Dios, por otro favoreció el equívoco que para cualificar el bautizado laico fuera necesario un ministerio; hasta el punto de arriesgar una especie de pan-ministerialización, con la posible consecuencia de una clericalización de los laicos o de una nivelación de todos los ministerios que hacía difícil la colocación [específica] del mismo ministerio ordenado[7].

Asambleas continentales piden un mayor reconocimiento de los ministerios bautismales y la posibilidad de realizarlo en el registro de la subsidiariedad entre los diferentes niveles de la Iglesia. En esta línea, muchas de estas cuestiones podrían encontrar respuesta a través de un trabajo sinodal más profundo en las Iglesias locales, donde, a partir del principio de la participación diferenciada en los *tria munera* de Cristo, es más fácil mantener clara la complementariedad entre sacerdocio común y sacerdocio ministerial, identificando con discernimiento los ministerios bautismales. necesarios para la comunidad. d) Una Iglesia «toda ministerial» no es necesariamente una Iglesia «toda de ministerios instituidos». Hay legítimamente muchos ministerios que brotan de la vocación bautismal: ministerios espontáneos, algunos ministerios reconocidos que no están instituidos y otros que, a través de la institución, reciben una formación, misión y estabilidad específicas. Crecer como Iglesia sinodal implica el compromiso de discernir juntos qué ministerios han de crearse o promoverse a la luz de los signos de los tiempos, como respuesta al servicio del mundo», SECRETARÍA DEL SÍNODO DE LOS OBISPOS, "*Instrumentum laboris* para la XVI Asamblea Ordinaria del Sínodo de los Obispos. Fichas de trabajo - B 2.2" (2023).

7   Cf. CASTELLUCCI, *La famiglia*, 567.

Este riesgo es particularmente sentido también por el pontífice actual que, aunque apoyando la realización de ministerios instituidos para los laicos, en varias ocasiones ha advertido de los peligros de una indebida clericalización del laicado:

> [El clericalismo] es uno de los males de la Iglesia. (…) El laico debe ser laico, bautizado, tiene la fuerza que viene de su bautismo. Servidor, pero con su vocación laical (…). En mi tierra oía muchas veces esto: "¿Sabe? En mi parroquia hay un laico honrado. Este hombre sabe organizar… Eminencia: ¿por qué no lo hacemos diácono?". Es la propuesta inmediata del sacerdote: clericalizar. A este laico hagámoslo… ¿Y por qué? ¿Porque es más importante el diácono, el sacerdote, que el laico? ¡No! ¡Este es un error! ¿Es un buen laico? Que siga así y crezca así. Porque allí está en juego la identidad de la pertenencia cristiana. Para mí, el clericalismo impide el crecimiento del laico. Pero tened presente lo que he dicho: es una tentación cómplice entre dos. Porque no habría clericalismo si no hubiera laicos que quieren ser clericalizados[8].

Son indicaciones muy preciosas sobre el tema que nos interesa. En efecto, como antes del Concilio, cuando un sacerdote veía un chico ferviente en el camino religioso pensaba inmediatamente a una vocación presbiteral o religiosa –que se veía de hecho como la única vía para quién aspira a la perfección cristiana–, así podemos equivocarnos hoy al ver un fiel laico ferviente, pensando inmediatamente en los ministerios instituidos.

---

8   Francisco, "Discurso a los miembros de la Asociación Corallo" (22-3-2014).

3. Un correcto equilibrio de los valores que fundan la misión laical

Por nuestra parte, en este breve ensayo, queremos explicitar por qué esta propuesta no resuelve a la raíz el problema de la valorización eclesial del fiel laico. En cambio, puede acabar promoviendo una peligrosa inversión de valores respecto a la enseñanza conciliar, inversión de la que la clericalización constituiría una inevitable consecuencia. De hecho, como ha lúcidamente notado Angelo Scola, el verdadero aporte de la doctrina conciliar es la nueva centralidad de la figura de *christifideles* antes de cualquier distinción de oficio o estado de vida[9]. Es la identificación del contenido explosivo de la vida nueva en Cristo que para nadie puede reducirse a la mera recepción de predicación y sacramentos para la salvación de su propia alma, sino que constituye al bautizado como sujeto activo al servicio de la misión eclesial. Lo fundamental en el pueblo de Dios no es el oficio o el estado de vida, sino la condición común de hijo de Dios, la vocación a ser hijos en el Hijo, participando de la vida trinitaria; una experiencia de vida salvadora y liberadora de cuya sobreabundancia brota en el Espíritu el servicio eclesial y la misión en el mundo. Cuando existe este movimiento misionero originario que brota del bautismo, el cómo se realiza la misión es en realidad secundario; tiene valor adjetivo respecto de la fuerza misionera sustantiva de la condición de hijo de Dios. El motor primordial de toda misión se constituye pues mediante la iniciación cristiana, la cual otorga al creyente aquella sobreabundancia de la gracia que hace que su vida en el mundo, asumida y redimida por el Evangelio, se transforme toda ella en anuncio y testimonio de la salvación trinitaria.

En nuestra opinión, la minusvaloración de la doctrina conciliar viene justamente del hecho de que se ha inconscientemente seguido leyendo la figura del laico con las gafas de la concepción sobre el fiel

---

9   A. Scola, "Laici nella Chiesa", en: S. Pintor (a cura di) *Laici nella Chiesa e nella società* (Neumann, Torino 1987) 49-50.

cristiano anterior al Concilio. Y, en concreto, se continúa aceptando de hecho una teología acuñada en el marco de una cristiandad laxa, según la cual los laicos como simples bautizados constituían, no solo de hecho sino *de iure*, otra categoría de cristianos que, recibido el bautismo y una superficial formación sacramental, no se consideraban llamados a la perfección ni a una peculiar misión de santificación en el mundo. Se les invitaba a obedecer a los mandamientos y a evitar los vicios para salvar su alma. De ahí que definir el laico principalmente como fiel cristiano parezca poco, y la 'definición negativa' clásica (ni clérigo, ni religioso) se considera todavía sinónimo de una 'concepción negativa'[10], pensando erróneamente que lo decisivo y principal para valorar los miembros de la Iglesia está en dones ulteriores.

Por eso, concordamos con quién afirma que la fuerza de la doctrina conciliar sobre los laicos reside justamente en haber pasado de una concepción diminutiva y pasiva del fiel cristiano a otra que lo considera nuevamente beneficiario de la llamada a la santidad y a la radicalidad evangélica, mediante la recuperación de la iniciación cristiana, y lo propone como testigo y heraldo de la Buena Nueva en el mundo[11]. La va-

---

10   Esta era la denuncia de Y. Congar en su pionero estudio sobre el laicado *Jalones para una teología del laicado*. Sin embargo, si la correspondencia entre definición negativa y concepción negativa postulada por el teólogo francés era ciertamente válida para la teología del laicado de entonces, parece inoportuno postularla hoy con referencia a la doctrina conciliar.

11   «La aportación decisiva del Vaticano II a la teología del laicado desde un punto de vista teológico es su re-centramiento cristológico. En efecto, la LG afirma que aquello que une a todos los cristianos consiste en estar "incorporados a Cristo por el bautismo" (LG 31); de ahí y en segundo lugar, se puede distinguir entre ministros, religiosos y laicos, siendo estos últimos aquellos que tienen como vocación propia "buscar el reino de Dios ocupándose de las realidades temporales y ordenándolas según Dios" (LG 31)», S. Pié-Ninot, *Eclesiología. La sacramentalidad de la comunidad cristiana* (Sígueme, Salamanca 2009) 297. Además cf.: D. Vitali, "Capitolo IV. I laici", in S. Noceti – R. Repole (a cura di), *Commentario ai documenti del Vaticano II 2. Lumen gentium* (EDB, Bologna 2015) 318.

loración del cómo se realiza esta misión en la articulación intraeclesial y en la sociedad es importante, pero poco útil si falta el primer elemento.

Una breve referencia histórica a la primera evangelización cristiana nos ayudará a aclarar nuestra posición. Como todos saben el movimiento de reforma teológica que preparó el Concilio fundó su propuesta en un sólido retorno a las fuentes cristianas más antiguas y autorizadas. Por lo que atañe nuestro tema se tomó como referencia el testimonio de la Iglesia de los primeros siglos que señala la existencia de una comunidad viva –con un gran espesor testimonial y un enorme potencial misionero–, en la cual todos los miembros eran activos, partícipes de la vida eclesial y de la misión, no obstante la diversidad de funciones. En efecto, aunque los escritos neotestamentarios y patrísticos nos presenten en primer plano la obra evangelizadora de los apóstoles como fundadores, de sus colaboradores y sucesores en el ministerio, algunos autores han mostrado con claridad que la misión fue una obra realizada sobre todo por anónimos cristianos laicos[12]:

> Un papel central y decisivo en el impulso evangelizador de la Iglesia de los orígenes, por tanto, lo tuvieron figuras normalísimas de cristianos que han dado una preciosa contribución a la obra de difusión y penetración del cristianismo. Aportación llena de eficacia, si bien impregnada de aquella normalidad que habitualmente pasa inadvertida e inconscientemente ha llevado a atribuir el éxito de la empresa a figuras de gran estatura eclesial, a factores vistosos o extraordinarios, a encargos u oficios, mientras se desconoce o se tiende a pasar por alto la fecundidad y el alcance del dinamismo eclesial ínsito en la

---

12   Cf. A. G. HAMMAN, *La vida cotidiana de los primeros cristianos. Un apasionante viaje por nuestras raíces* (Palabra, Madrid 1985); G. BARDY, *La conversión al cristianismo durante los primeros siglos* (Encuentro, Madrid 2012); S. CIPRIANI, "La vocazione missionaria nella prassi dei primi cristiani", en: D. TETTAMANZI (a cura di), *Laici verso il terzo millennio. Esortazione Apostolica Christifideles laici* (Città Nuova, Roma 1989); P. RÍO, *Los fieles laicos, la Iglesia en la entraña del mundo* (Palabra, Madrid 2015).

vocación bautismal. (…) En efecto, en la comunidad de los fieles no hay elementos activos, protagonistas exclusivos de la misión, (…) y miembros inertes, meramente receptores de su acción (…), que serían los simples bautizados. De hecho, en las narraciones neotestamentarias, los 'normalísimos cristianos' (…) aparecen bien provistos de motor y de iniciativa, como sujetos [misioneros] que actúan en interrelación orgánica con sus pastores[13].

Así, en los Hechos de los Apóstoles leemos que la primera evangelización en Samaría y las ciudades costeras de Judea fue realizada por cristianos huidos de Jerusalén a causa de la persecución, en su mayoría laicos, probablemente procedentes la comunidad helenista[14], mientras que los apóstoles habían permanecido en la ciudad (cf. Hch 8, 1b-12); y fueron estos mismos fieles los primeros evangelizadores de Antioquía, con frutos abundantes, visto el sucesivo envío apostólico de Bernabé a verificar los resultados obtenidos (cf. Hch 11,22). Y lo mismo pasó en los territorios de Fenicia y Chipre, donde, como en Antioquía, residían algunas importantes colonias judías. El anuncio de la Buena Nueva se dirigió primero a estas comunidades de judíos y prosélitos de la diáspora, pero se especifica que en un segundo momento algunos de los discípulos comenzaron a hablar también a los griegos (cf. Hch 11,20). Análoga situación se observa en Roma y en otras grandes ciudades de la época como Cartago, Alejandría o Edesa. Es importante notar que los apóstoles en estos casos no ven estas actividades espontaneas como inapropiadas. Las aprueban, se alegran de sus frutos y las sostienen, interviniendo después, personalmente o mediante enviados, para confirmar, controlar, dirigir y orientar el trabajo misionero iniciado[15].

---

13 Ibid., 72.

14 Así lo hipotiza Rossé, cf. G. Rossé, *Atti degli Apostoli. Commento esegetico e teologico* (Città Nuova, Roma 1998) 332.

15 Cf. Río, *Los fieles laicos*, 82.

Además, se puede apreciar también que el ejercicio del ministerio apostólico, incluso cuando es protagonista directo del comienzo de la evangelización, no se describe nunca como un ministerio solitario, sino como una actividad orgánica de un grupo de cristianos guiados por los apóstoles y sus colaboradores. En los Hechos de los Apóstoles aparece una familia cristiana cuya vida es dedicada completamente a la evangelización: Aquila y Priscila[16]. Cristianos procedentes de Roma –probablemente entre los responsables de la comunidad, obligados a abandonar la Ciudad Eterna a causa del decreto de expulsión de los judíos emanado por el emperador Claudio–, al llegar a Corinto encuentran a Pablo, le dan trabajo y sustento, le ayudan a implantar allí la Iglesia; después le acompañan en su viaje a Asia Menor y el texto especifica que cuando el apóstol partió de Éfeso los dejó allí, probablemente para que su asentamiento permitiese la consolidación de la misión y la base de la actividad misionera del mismo apóstol. Allí se dedicaron activamente a la evangelización (el texto afirma que, encontrado a Apolo en la sinagoga, se ocuparon personalmente de su instrucción [catequesis]), frecuentando la sinagoga y probablemente hospedando las reuniones de la comunidad en su casa. Más tarde los rencontramos nuevamente en Roma, a donde han vuelto después de la muerte del imperador, quizás como precursores del apóstol. Allí también acogían a los cristianos en su casa, que evidentemente siempre estaba a disposición de la comunidad como iglesia doméstica. Toda la vida matrimonial y laboral de la pareja parece subordinada al servicio del Evangelio; su vida en el mundo es ya existencia misionera. El apóstol, en la parte final de la Carta a los Romanos, los define como 'mis colaboradores en la obra de Cristo Jesús' (Rom 16,3). Y junto a ellos, en los saludos finales de la carta encontramos, una gran cantidad de personas, de las cuales se indica brevemente el servicio que han prestado a la evangelización[17]: Febe, a

---

16   Cf. ibid., 82-91.

17   Cf. P. GRELOT, *L'Épitre de saint Paul aux Romains. Une lecture pour aujourd'hui* (Saint-Paul, Versailles 2001) 199-203.

la que se apela hermana, servidora, y protectora (patrona), Aristóbulo y Narciso, que también acogen las reuniones de la comunidad en sus casas, Andrónico y Julia, otro matrimonio ya compañero de cautividad de Pablo que jugó un papel notable en la evangelización (de ellos se dice que gozaban de gran consideración entre los apóstoles), y finalmente cuatro mujeres (María, Trifena, Trifosa y Pérside) de las que se dice que ha trabajado con gran esfuerzo en el Señor.

El mismo dato se puede encontrar en los siglos II y III. Autores como Hamman y Bardy describen con esmero como la actividad misionera de este período se basó sobre todo en el infatigable trabajo de cristianos laicos de toda clase social: siervos y amos, médicos y militares, marineros y mercantes, simples artesanos y juristas, ricos terratenientes y filósofos. Normalmente, la conversión cristiana de una persona se transmitía primero a su familia (cónyuges, hijos, amos, esclavos) para después extenderse a los amigos y a los contactos laborales, hasta llegar a una verdadera y propia obra de primera evangelización cuando los fieles cristianos emigraban o viajaban por trabajo[18]. En este último caso los creyentes se convertían espontáneamente en fundadores de comunidades hasta que sus Iglesias de origen enviaban obispos para guiar la comunidad, como aconteció probablemente en Lyon[19].

En síntesis, los neoconvertidos conservaban normalmente su familia, su trabajo y su vida ordinaria anterior, la cual se transformaba por el encuentro con Cristo en testimonio vivo del Evangelio. Y así la predicación del Evangelio se realizaba no solo mediante profetas y doctores itinerantes o ministros estables, sino sobre todo por anónimos y desconocidos fieles laicos que de forma espontánea aprovechaban de su posición familiar y social para ser testigos del Evangelio en toda circunstancia:

---

18   Hamman, *La vida cotidiana*, 25.
19   Cf. ibid., 75-83.

Rara vez la iniciativa misionera procede de la jerarquía, cuya preocupación en aquellos momentos era establecer la autoridad episcopal y hacerla aceptar. No conocemos ningún caso de misionero enviado por un jefe de comunidad. La actividad misionera, sin mandato particular, por el solo dinamismo de la fe bautismal, brota habitualmente de las mismas filas de los cristianos. Vemos que hay sacerdotes, pero los laicos son la gran mayoría. El cristianismo es como una mancha de aceite, se extiende por las mallas de la familia, del trabajo, de las relaciones. Es una predicación modesta, que «no se hacía bajo la luz de los focos, públicamente en plazas y mercados, sino sin ruido, a la oreja, por medio de palabras dichas en voz baja, al amparo del hogar doméstico. Nada más exacto que la palabra 'contagio' empleada por Tácito y Plinio para caracterizar la nueva religión y su propaganda, de boca a oreja, de esposa a marido, de esclavo a ama y de amo a esclavo, de zapatero remendón a cliente, en la intimidad de la tienducha, como lo prueban los testimonios llegados hasta nosotros. El concepto reciente de evangelización del medio por el mismo medio es demasiado estrecho para tener en cuenta la paradoja del esclavo evangelizando al amo y el amo al esclavo, el médico al enfermo y el comerciante a su cliente[20].

Las mismas conclusiones aparecen en la famosa obra de G. Bardy, el cual se pregunta: «¿Y cómo no iban a anunciar el mensaje que a ellos mismos les había conquistado? Los esclavos con sus dueños, los comerciantes con sus clientes, los soldados con sus camaradas de campamento o de cuartel, este era el ambiente natural en que mutuamente se reclutaban los nuevos convertidos»[21]. El Evangelio transforma la vida y la vida misma se convierte en misión.

---

20   Ibid., 81.
21   Bardy, *La conversión al cristianismo*, 232.

Este dato nos lleva a sacar dos conclusiones. La primera es que la doctrina conciliar acierta a indicar como rasgo positivo propio del fiel laico la índole secular. En efecto, para los cristianos su vida ordinaria no era solo el lugar sociológico donde realizaban su misión cristiana, sino que se trataba de un elemento propiamente teológico de caracterización: con la iniciación cristiana toda su realidad de vida (su familia, su trabajo, sus bienes, sus relaciones sociales) era asumida, purificada y transfigurada para convertirse en testimonio y vehículo vivo del Evangelio[22]. Por tanto, si es cierto que la secularidad es un rasgo de toda la Iglesia (todos los cristianos dan su testimonio en el mundo) es también cierto que los fieles laicos ejercen su misión participando de la secularidad de forma plena. Su misión parte de una presencia en la sociedad desde dentro, una posición de la que los demás fieles cristianos, clérigos y religiosos, han sido sustraídos a causa de los dones jerárquicos y carismáticos recibidos. En cambio, el fiel cristiano laico permanece plenamente en el sitio en el que la iniciación cristiana le ha puesto y desde este nivel de penetración en la sociedad, con toda su vida redimida por el Evangelio, ejerce su preciosa misión a modo de fermento. Este testimonio vivo y cercano es sumamente eficaz porque se mueve desde dentro del entramado de relaciones que constituyen la familia humana y tiene, por tanto, un impacto decisivo en la vida de las personas.

Y, sin embargo, y ésta es la segunda conclusión, el elemento principal que constituye el fiel laico no es el que acabamos de describir, sino la iniciación cristiana que constituye en novedad su vida en el corazón del mundo. Es lo que defiende la Exhortación Apostólica *Christifideles laici* cuando afirma que «la condición eclesial de los fieles laicos se encuentra radicalmente definida por su novedad cristiana y caracterizada por su

---

22 Así lo afirma Illanes: «El mundo es, para el fiel laico, no sólo el lugar en que Dios le llamó y en el que deberá continuar viviendo después de la llamada, sino realidad que recibe un sentido nuevo en virtud de la llamada y que, a partir de esa llamada, se revela o presenta como elemento integrante de su existir cristiano», J. L. Illanes, "La discusión teológica sobre la noción de laico": *Scripta Theologica* 22 (1990) 771-789, aquí 786.

índole secular» (ChL 15). La iniciación cristiana es el fundamento que define radicalmente el fiel laico, porque incorpora su vida en el movimiento sacramental de salvación de la Iglesia, lo involucra ontológica y existencialmente en la función materna y vivificadora de la comunidad cristiana. El carácter secular es el elemento teológico que después hace florecer esta condición nueva en una misión específica.

4. CONCLUSIONES

Llegamos así a entender el por qué la valoración del laico en términos de ministerialidad de toda la Iglesia conlleva varios inconvenientes.

La fuerza primordial que mueve la participación y la misión es el movimiento que surge de la iniciación cristiana y, por tanto, la potenciación de dicha iniciación es el elemento central para fomentar la actividad laical. Un cambio de perspectiva que prima los dones ulteriores realizaría una impropia inversión de los valores respecto de la doctrina conciliar. El mundo actual incentiva la participación y el servicio de todos en la comunidad civil y esto es un aspecto positivo y asumible. Pero, sin asumir este valor en el cuadro de una eclesiología bien fundada se puede acabar asumiendo la hipótesis que es precisamente la posición que un individuo tiene en la sociedad la que constituye el valor fundamental de su vida y de su acción. Y al perder su vínculo fundamental con la iniciación cristiana, la participación pierde también su impulso misionero primordial de forma que el debate comunitario sobre esta cuestión acaba por centrarse únicamente en el ámbito intraeclesial de la repartición de poderes. No hay que olvidar que todos los movimientos de renovación eclesial se han siempre fundado en la radicalidad cristiana y en la misión, dejando el campo de las tareas en la estructura eclesial en segundo plano.

Y, en segundo lugar, la pan-institucionalización al modo ministerial lleva el menoscabo de la actividad espontánea y creativa, ya que la dirige preventivamente hacia formas clericales y uniformes, según la lógica del ministerio ordenado. La misión adecuada de la jerarquía en este ámbito más que institucionalizar, sería la de promover y respetar dicho movimiento espontaneo en su pluralidad y originalidad, acompañarlo con simpatía y no obstaculizarlo, encuadrarlo en estructuras solo cuando es estrictamente necesario.

Por eso, en nuestra opinión, lo que hay que recuperar en nuestros días para fomentar y valorar la misión laical en la Iglesia es: 1. La recuperación de centralidad de la fuerza transformadora de la iniciación cristiana, tomando la noción de fiel cristiano en todo su espesor; 2. El apoyo a las formas espontaneas y creativas de acción de los laicos en la Iglesia y en el mundo, las cuales se deberían encuadrar en formas de ministerios solo en casos muy particulares (servicios de particular relevancia).

Los santos, en cuanto que testigos cualificados de la tradición iluminan de forma ejemplar este orden de valores, cuya negación ha sido una tentación constante en la Iglesia desde los tiempos de san Pablo hasta hoy. Un texto de santa Teresita de Lisieux, que yo considero una de las perlas de la literatura cristiana moderna, alumbra de forma peculiar lo que hemos intentado exponer. La santa está llena de amor a Cristo y desear dedicar toda su vida al servicio del Maestro y de la Iglesia. La lectura de la primera carta a los Corintios le ayuda a identificar el orden de valores que guía la misión cristiana:

Ser tu *esposa*, oh Jesús, ser *carmelita*, ser por mi unión contigo madre de almas, debería bastarme... pero no es así... Sin duda, estos tres privilegios son la esencia de mi vocación: carmelita, esposa y madre. Sin embargo, siento en mi interior otras vocaciones: siento la vocación de Guerrero, de Sacerdote, de Apóstol, de Doctor, de Mártir. En una palabra, siento la necesidad, el deseo de realizar por ti, Jesús, todas las más heroicas hazañas... siento en mi alma el valor de un cruzado, de un zuavo pontificio, quisiera morir en un campo de batalla por la defensa de la Iglesia... ¡Siento en mí la vocación de Sacerdote, con qué amor, Jesús, te llevaría en mis manos cuando, a mi invocación, bajaras del cielo! ¡Con qué amor te entregaría a las almas! Pero, aun deseando ser sacerdote, admiro y envidio la humildad de san Francisco de Asís y siento en mí la vocación de imitarle renunciando a la sublime dignidad del Sacerdocio. Oh, ¡Jesús, amor mío, mi vida...!, ¿cómo hermanar estos contrastes? ¿Cómo realizar los deseos de mi pobre *pequeña alma*? Sí, a pesar de mi pequeñez, yo quisiera iluminar a las almas como los Profetas y los Doctores. Tengo vocación de Apóstol... quisiera recorrer la tierra, predicar tu nombre y plantar tu cruz gloriosa en suelo infiel. Pero, *Amado mío*, una sola misión no sería suficiente para mí. Quisiera anunciar el Evangelio al mismo tiempo en las cinco partes del mundo, y hasta en las islas más remotas... Quisiera ser misionero no sólo durante algunos años, sino haberlo sido desde la creación del mundo y seguir siéndolo hasta la consumación de los siglos... Pero, por encima de todo, amado Salvador mío, quisiera derramar por ti mi sangre hasta la última gota... El martirio, he aquí el sueño de mi juventud, un sueño que ha ido creciendo conmigo en los claustros del Carmelo (...) Con santa Inés y santa Cecilia, quisiera presentar mi cuello a la espada, y como Juana de Arco, mi hermana querida, quisiera susurrar tu nombre en la hoguera, Jesús. (...) Como durante la oración estos deseos me hacían sufrir un verdadero martirio, abrí las cartas de san Pablo con el fin de buscar alguna respuesta. Y mis ojos se encontraron con los capítulos 12 y 13 de la Primera carta a los Corintios. Leí en el primero que no *todos* pueden ser apóstoles, o profetas, o doctores, etc.; que la Iglesia está compuesta de diferentes miembros, y que el ojo no puede ser al mismo tiempo mano... La respuesta estaba clara, pero no colmaba mis deseos ni me daba la paz... (...). Seguí leyendo, sin desanimarme, y esta frase me reconfortó: "Buscad con fervor los dones [carismas] más perfectos. Y aún os voy a mostrar un camino más excelente".

Y el apóstol sigue explicando cómo los mejores dones [carismas] nada son sin el Amor... que la caridad es ese camino más excelente que conduce a Dios con total seguridad. Podía, por fin, descansar... Al considerar el cuerpo místico de la Iglesia, yo no me había reconocido en ninguno de los miembros descritos por san Pablo; o, mejor dicho, quería reconocerme en todos ellos... La Caridad me dio la clave de mi *vocación*. Comprendí que, si la Iglesia tenía un cuerpo, compuesto de diferentes miembros, no podía faltarle el más necesario, el más noble de todos ellos. Comprendí que la Iglesia tenía un Corazón, y que ese Corazón estaba ardiendo de amor. Comprendí que sólo el Amor hacía actuar a los miembros de la Iglesia; que, si el amor se hubiese apagado, los Apóstoles ya no habrían anunciado el Evangelio y los Mártires se habrían negado a derramar su sangre... Comprendí que el Amor encerraba en sí todas las vocaciones, que el Amor lo era todo, que el Amor abarcaba todos los tiempos y lugares... En una palabra ¡que es eterno! Entonces, al borde de mi alegría delirante, exclamé: Oh Jesús, amor mío..., ¡por fin he encontrado mi vocación! ¡Mi vocación es el Amor! Sí, he encontrado mi sitio en la Iglesia, y ese sitio, Dios mío, eres tú quien me lo ha dado. En el corazón de la Iglesia, mi Madre, yo seré el Amor... así lo seré todo... ¡así mi sueño se hará realidad![23].

---

23   Thérèse de Lisieux, "Lettre a Sœur Marie du Sacré Cœur. Manuscrit B", en : Id., *Œuvres complètes*, dir. J. Lonchapt (Cerf-DDB, Paris 2011) 217-232, aquí 224-226.

EDICIONES UNIVERSIDAD SAN DÁMASO

Catálogo completo en *http://www.sandamaso.es/tienda/*
Pedidos a SOLUZIONO T. 91 447 35 66
info@soluziono.com www.soluziono.com

PRESENCIA Y DIÁLOGO

72   JUAN DE DIOS LARRÚ (ed.), *Vulnerabilidad, enfermedad y muerte. Reflexiones a la luz de la carta* Samaritanus bonus. *VI Jornadas de Actualización teológico-pastoral para Sacerdotes* (2023) 111 pp. ISBN: 978-84-17561-84-0 [8 €]

71   JOSÉ ANTÚNEZ CID (ed.), *El mal. Jornada de filosofía 2021* (2023) 292 pp. ISBN: 978-84-17561-64-2 [14 €]

70   PILAR FERNÁNDEZ BEITES, *El dinamismo de la vida moral. Desde un realismo no naturalista* (2022) 304 pp. ISBN: 978-84-17561-58-1 [14 €]

69   ALFONSO GARCÍA NUÑO (ed.), *El tema de nuestro tiempo. Jornada de filosofía 2022* (2022) 182 pp. ISBN: 978-84-17561-61-1 [10 €]

68   JUAN CARLOS CARVAJAL BLANCO – RAFAEL DELGADO ESCOLAR (eds.), Directorio para la Catequesis. *Acogida y perspectivas* (Evangelización y catequesis 1; PPC – UESD 2022) 216 pp. ISBN: 978-84-288-3963-1 [15,50 €]

67   GABRIEL RICHI ALBERTI (ed.), *Ministros de Cristo en el cambio de época. V Jornadas de Actualización teológico-pastoral para Sacerdotes* (2022) 142 pp. ISBN: 978-84-17561-50-5 [8 €]

66   JUAN DE DIOS LARRÚ (ed.), *Generatividad y esperanza* (2022) 169 pp. ISBN: 978-84-17561-43-7 [10 €]

65   ROSARIO NEUMAN LORENZINI (ed.), *Cuatro alocuciones sobre el cuerpo. Entre el cuerpo expandido y el mundo de la vida* (2021) 118 pp. ISBN: 978-84-17561-38-3 [6 €]

64   GABRIEL RICHI ALBERTI (ed.), *Era digital y anuncio del Evangelio. IV Jornadas de Actualización Pastoral para Sacerdotes* (2021) 155 pp. ISBN: 978-84-17561-33-8 [8 €]

63   JACINTO CHOZA, *Historia del mal* (2021) 252 pp. ISBN: 978-84-17561-31-4 [12 €]

62   JUAN MANUEL BURGOS (ed.), *Personalismo y metafísica. ¿Es el personalismo una filosofía primera?* (2021) 143 pp. ISBN: 978-84-17561-19-2 [disponible form. electr.]

61   ALEJANDRO TRAPERO (ed.), *Lo estético* (2020) 230 pp. ISBN: 978-84-17561-20-8 [12 €]

60   RAÚL SACRISTÁN LÓPEZ, *Movidos por el amor. Estudio del dinamismo afectivo* (2020) 230 pp. ISBN: 978-84-17561-17-8 [10 €]

59   GABRIEL RICHI ALBERTI (ed.), *Madrid 2020: evangelizar la gran ciudad. III Jornadas de Actualización Pastoral para Sacerdotes* (2020) 250 pp. ISBN: 978-84-17561-11-6 [12 €]

58   JUAN CARLOS CARVAJAL BLANCO (ed.), *La religiosidad popular, ámbito evangelizador. II Jornadas de Actualización Pastoral para Sacerdotes* (2019) 156 pp. ISBN: 978-84-17561-06-2 [10 €]

57   Víctor M. Tirado (ed.), *El alcance del pensamiento de Francisco Suárez. Una mirada en el cuarto centenario de su muerte. Jornada de Filosofía 2016* (2019) 170 pp. ISBN: 978-84-16639-85-4 [disponible form. electr.]

56   José Antúnez Cid (trad.), *Estado, democracia y cuestión religiosa* (2018) [traducción del manuscrito de Vittorio Possenti] 169 pp. ISBN: 978-84-16639-91-5 [12 €]

55   Juan de Dios Larrú (ed.), *El misterio de la acción conyugal. Perspectivas abiertas a 50 años de* Humanae Vitae (2018) 140 pp. ISBN: 978-84-16639-90-8 [disponible form. electr.]

54   Gerardo del Pozo Abejón – Juan Carlos Carvajal Blanco (eds.), *Parroquia misionera* (2018) 222 pp. ISBN: 978-84-16639-84-7 [10 €]

53   José María Magaz – Juan Miguel Prim Goicoechea (eds.), *F. Ximénez de Cisneros. Reforma, conversión y evangelización* (2018) 326 pp. ISBN: 978-84-16639-73-1 [14 €]

52   Mercedes Hurtado del Solo, *La belleza del canto al servicio de la fe en Joseph Ratzinger/Benedicto XVI* (2018) 231 pp. ISBN: 978-84-16639-66-3 [disponible form. electr.]

51   Víctor Manuel Tirado San Juan (ed.), *La persona. Jornada de Filosofía 2015* (2018) 190 pp. ISBN: 978-84-16639-69-4 [10 €]

50   José María Magaz Fernández (ed.), *Mártires, la victoria sobre los ídolos* (2017) 230 pp. ISBN: 978-84-16639-60-1 [12 €]

49   Nicolás Álvarez de las Asturias (ed.), *Avilistas del siglo XX* (2017) 226 pp. ISBN: 978-84-16639-48-9 [12 €]

48   Juan de Dios Larrú (ed.), *El camino de la misericordia* (2016) 152 pp. ISBN: 978-84-16639-38-0 [12 €]

47   Nicolás Álvarez de las Asturias (ed.), *El IV concilio de Letrán en perspectiva histórico-teológica* (2016) 288 pp. ISBN: 978-84-16639-17-5 [12 €]

46   Philibert Secretan, *Reforma protestante y filosofía. Tres lecciones y un epílogo* (2015) 85 pp. ISBN: 978-84-15027-83-6 [6 €]

45   José Antúnez Cid (ed.), *La representación. Jornada de filosofía* (2015) 302 pp. ISBN: 978-84-15027-87-4 [12 €]

44   Gerardo del Pozo Abejón – Ignacio Serrada Sotil (eds.), *Fe cristiana y ateísmo en el siglo XXI* (2015) 207 pp. ISBN: 978-84-15027-82-9 [12 €]

43   Jordi Girau Reverter, *¿Cristiano filósofo o filósofo cristiano? La filosofía a la luz del Magisterio de la Iglesia* (2015) 374 pp. ISBN: 978-84-15027-71-3 [disponible form. electr.]

42 Juan Carlos Carvajal Blanco (ed.), *La misión que nace de la alegría del encuentro. En el surco de* Evangelii gaudium (2015) 237 pp. ISBN: 978-84-15027-72-0 [12 €]

41 Gabriel Richi (ed.), *Juan XXIII y Juan Pablo II. Testigos para nuestro tiempo* (2015) 224 pp. ISBN: 978-84-15027-66-9 [12 €]

40 Manuel Oriol (ed.), *El asentimiento religioso. Razón y fe en J.H. Newman* (2015) 210 pp. ISBN: 978-84-15027-65-2 [12 €]

39 José María Magaz (ed.), *Los riesgos de la fe en la sociedad española* (2014) 201 pp. ISBN: 978-84-15027-62-1 [12 €]

38 Jordi Girau Reverter (ed.), *Jornada de filosofía 2012. La Sabiduría* (2014) 149 pp. ISBN: 978-84-15027-48-5 [12 €]

37 Juan Carlos Carvajal Blanco (ed.), *Emplazados para una Nueva Evangelización* (2013) 292 pp. ISBN: 978-84-15027-40-9 [12 €]

36 Nicolás Álvarez de las Asturias (ed.), *"San Juan de Ávila, doctor de la Iglesia* (2013) 131 pp. ISBN: 978-84-15027-39-3 [8 €]

35 Andrés García Serrano – Luis Sánchez Navarro, *"Dichosos los que escuchan la Palabra". Exégesis bíblica y lectio divina* (2012) 137 pp. ISBN: 978-84-15027-29-4 [8 €]

34 Manuel Aroztegi Esnaola, *La causa formal del matrimonio según San Buenaventura (IV Sent d 26)* (2012) 244 pp. ISBN: 978-84-15027-26-3 [12 €]

33 Roberto López Montero, *Tertuliano y las manos de Dios* (2012) 110 pp. ISBN: 978-84-15027-23-2 [disponible form. electr.]

32 Luis Sánchez Navarro (ed.), *Escudriñar las Escrituras. Verbum Domini y la interpretación bíblica* (2012) 115 pp. ISBN: 978-84-15027-18-8 [7 €]

31 José Mª Magaz – Nicolás Álvarez de las Asturias (eds.), *La Reforma Gregoriana en España* (2011) 211 pp. ISBN: 978-84-15027-15-7 [12 €]

30 Agustín Giménez González – Luis Sánchez Navarro (eds.), *Canon, Biblia, Iglesia. El canon de la Escritura y la exégesis bíblica* (2010) 251 pp. ISBN: 978-84-15027-04-1 [12 €]

29 José María Magaz (ed.), *Los partidos confesionales españoles* (2010) 175 pp. ISBN: 978-84-96318-99-1 [10 €]

28 HH. Oblatas de Cristo Sacerdote, *Sacerdocio de Cristo y santidad sacerdotal* (2010) 96 pp. ISBN: 978-84-96318-97-7 [6 €]

27 Javier Prades – Eduardo Toraño (eds.), *La razón de la esperanza* (2010) 236 pp. ISBN: 978-84-96318-93-9 [12 €]

26 Carmen Álvarez Alonso, *Teología del cuerpo y Eucaristía* (2010) 178 pp. ISBN: 978-84-96318-88-5 [disponible form. electr.]

25 María Lacalle – Andrés Martínez (eds.), *La familia. Recursos y conflictos en la sociedad contemporánea* (2009) 212 pp. ISBN: 978-84-96318-85-4 [10 €]

24 José María Magaz (ed.), *La Iglesia en los orígenes de la España contemporánea* (2009) 287 pp. ISBN: 978-84-96318-80-9 [15 €]

23 Alfonso Pérez de Laborda (ed.), *El dios de Aristóteles.* νόησις νοήσεως (2009) 409 pp. ISBN: 978-84-96318-75-5 [20 €]

22 Manuel del Campo Guilarte (ed.), *La pedagogía de la fe. Al servicio del itinerario de iniciación cristiana* (2009) 341 pp. ISBN: 978-84-96318-76-2 [20 €]

21 Eduardo Toraño – Javier Prades (eds.), *Dios es amor. Extensión Universitaria* (2009) 185 pp. ISBN: 978-84-96318-70-0 [10 €]

20 Ignacio Carbajosa – Luis Sánchez Navarro (eds.), *Palabra Encarnada. La Palabra de Dios en la Iglesia* (2008) 137 pp. ISBN: 978-84-96318-68-7 [8 €]

19 José María Magaz (ed.), *Los obispos españoles ante los conflictos políticos del siglo XX* (2008) 293 pp. ISBN: 978-84-96318-59-5 [15 €]

18 Andrés Martínez Esteban (ed.), *El Seminario de Madrid. A propósito de un Centenario* (2008) 272 pp. ISBN: 978-84-96318-53-3 [15 €]

17 José María Magaz (ed.), *El Cantar de los Cantares y el arte. Jornada de Arte Sacro* (2007) 102 pp. ISBN: 978-84-96318-47-2 [6 €]

16 Ignacio Carbajosa – Luis Sánchez Navarro (eds.), *Entrar en lo antiguo* (2007) 173 pp. ISBN: 978-84-96318-45-8 [10 €]

15 Javier Prades – Eduardo Toraño (eds.), *Educar en la verdad* (2007) 188 pp. ISBN: 978-84-96318-42-7 [8 €]

14 Alfonso Pérez de Laborda (ed.), *Jornada sobre la analogía* (2006) 263 pp. ISBN: 978-84-96318-28-1 [14 €]

13 Alfonso Pérez de Laborda (ed.), *Naturaleza* (2006) 216 pp. ISBN: 978-84-96318-29-8 [11 €]

12 Manuel del Campo Guilarte (ed.), *La comunicación de la fe* (2006) 281 pp. ISBN: 978-84-96318-25-0 [disponible form. electr.]

11 Javier Prades (ed.), *En busca del padre. Extensión Universitaria* (2006) 183 pp. ISBN: 978-84-96318-24-3 [8 €]

10 Juan José Pérez-Soba Diez del Corral, *El corazón de la familia* (2006) 398 pp. ISBN: 978-84-96318-20-5 [20 €]

9 José Mª Magaz Fernández (ed.), *Isabel la Católica hija de la Iglesia. Jornada sobre Isabel la Católica en el V Centenario de su muerte* (2006) 196 pp. ISBN: 978-84-96318-18-2 [disponible form. electr.]

27   GABRIEL RICHI ALBERTI (ed.), Les noces de l'Agneau de Marie-Joseph Le Guillou (Series Le Guillou 14; 2019) 346 pp. ISBN: 978-84-16639-93-9 [25 €]

26   JAIME LÓPEZ PEÑALBA (ed.), Marie-Joseph Le Guillou. La charité, forme des vertus (Series Le Guillou 12; 2018) 282 pp. ISBN: 978-84-16639-80-9 [20 €]

25   JESÚS IGLESIAS COBO (ed.), El dosier "Intercélébration Pentecostale" de Marie-Joseph Le Guillou (Series Le Guillou 11; 2018) 320 pp. ISBN: 978-84-16639-76-2 [25 €]

STUDIA PHILOSOPHICA MATRITENSIA

8   ALFONSO GARCÍA NUÑO, Lo metafísico en Xavier Zubiri (2023) 1366 pp. ISBN: 978-84-17561-59-8 [50 €]

7   JEAN HÉRING, Fenomenología y filosofía religiosa. Estudio sobre la teoría de la conciencia religiosa (2019) 248 pp. ISBN: 978-84-16639-97-7 [20 €]

6   SANTIAGO GARCÍA ACUÑA, La revelación como prolegómeno para una filosofía de la religión. Esbozo sobre la fenomenalidad incondicionada e irreductible de los fenómenos de revelación (2018) 1266 pp. ISBN: 978-84-16639-72-4 [45 €]

5   FRANZ BRENTANO, La psicología de Aristóteles, con especial atención a la doctrina del entendimiento agente (2015) 334 pp. ISBN: 978-84-15027-81-2 [27 €]

4   ALFONSO GARCÍA NUÑO, El carácter salvífico de la cultura en Ortega y Gasset (1907-1914) (2014) 243 pp. ISBN: 978-84-15027-55-3 [25 €]

3   DAVID TORRIJOS CASTRILLEJO, San Alberto Magno. Introducción a la metafísica. Paráfrasis de san Alberto Magno al primer libro de la Metafísica de Aristóteles (2013) 471 pp. ISBN: 978-84-15027-37-9 [30 €]

2   VÍCTOR TIRADO SAN JUAN, Teoría del arte y belleza en Platón y Aristóteles. La idea de la estética (2013) 217 pp. ISBN: 978-84-15027-33-1 [disponible form. electr.]

1   JAN WOLENSKI – PABLO DOMÍNGUEZ, Lógica y Filosofía (2005) 274 pp. ISBN: 978-84-96318-14-4 [25 €]